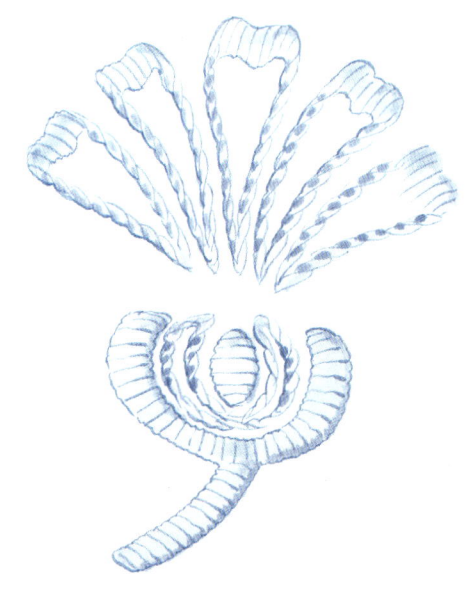

Sticken im Landhausstil

Sticken im Landhausstil

Tischwäsche • Kissen • Vorhänge

Vorlagen in Originalgröße

Karen Elder

Fotos von Pia Tryde

Augustus Verlag

Die Deutsche Bibliothek –
CIP-Einheitsaufnahme

Sticken im Landhausstil : Tischwäsche,
Kissen, Vorhänge ; Vorlagen in Original-
grösse / Karen Elder. Mit Fotos von
Pia Tryde. [Übers.: Hubert Roth]. –
Augsburg : Augustus-Verl., 1996
    ISBN 3-8043-0457-5

In der gleichen Ausstattung ist im Augustus Verlag auch der Band »Perlen und Pailletten«
von Diana Vernon erschienen.

Die englische Originalausgabe erschien bei Quadrille Publishing Limited, London, unter dem Titel:
Embroidery – Projects, Techniques, Motifs
© Copyright Text, Gestaltung und Layout 1995 Quadrille Publishing Limited
© Copyright Projektfotos 1995 Pia Tryde
© Copyright Detailfotos 1995 Peter Cassidy, Dave King

Übersetzung: Hubert Roth, Augsburg
Fotografie: Pia Tryde, Peter Cassidy, Dave King
Illustrationen: Kate Simunek
Lektorat der deutschen Ausgabe: Helene Weinold-Leipold
Umschlaggestaltung: Christa Manner, München, unter Verwendung eines Fotos von Pia Tryde

Augustus Verlag Augsburg 1996
© Weltbild Verlag GmbH, Augsburg

Satz: satz-studio gmbh, Bäumenheim
Druck und Bindung: Mandarin Offset Ltd

ISBN 3-8043-0457-5

Printed in Hong Kong

Inhalt

Einleitung

Das Schöne am Sticken ist nicht nur die fertige Arbeit, sondern sind ebensosehr die stillvergnügten Stunden, die man über einer Stickerei verbringt – und mag sie noch so anspruchslos sein. Das Wörterbuch beschreibt die Kunst des Stickens als »unnützen Zierat« – eine herzlose Definition, da die Welt ohne Stickerei wohl um einiges ärmer wäre. Vor der Ära bedruckter Stoffe und raffinierter Webarten – relativ jungen Errungenschaften – war das Besticken oft die einzige Möglichkeit, Textilien zu verzieren. Mit der Malerei geht das Wörterbuch schon behutsamer um, indem es sie als »farbige Darstellung oder Abbildung auf einer Fläche« beschreibt. Dasselbe könnte man aber auch vom Sticken sagen, denn Stickstiche sind nichts anderes als die Bleistift-, Feder- oder Pinselstriche von Zeichnung und Gemälde. Vielleicht liegt die aufregendste Eigenschaft des Stickens darin, daß es sich so gut wie jeder Form anpassen läßt. Dazu kommt die Vorstellung, daß man mit jeder Stickerei etwas Einzigartiges schafft und daß keine zwei Arbeiten je ganz gleich sind – was in unserem Zeitalter der Massenware von unschätzbarem Wert ist.

Viele schöne Stickereien sind regelmäßig, filigran gearbeitet, exakt gezählt und »makellos«. Sinn und Zweck dieses Buches ist es aber, Ihren Kopf und Ihre Finger so weit zu lockern, daß Sie die diversen Möglichkeiten von Stich, Farbe, Textur und persönlichem Ausdruck ausprobieren und nicht darauf achten, ob die Stiche perfekt sitzen – die werden mit zunehmender Übung ohnehin regelmäßiger.

Der Begriff »Stickerei« umfaßt viele Arten der Textildekoration, bei denen gewöhnlich eine Nadel und irgendeine Form von Faden, Perlen oder Pailletten benutzt wird. In diesem Buch haben wir speziellere Spielarten wie Leinwandarbeiten, Goldstickereien und Kreuzstich zum Abzählen (bis auf eine Arbeit, bei der diese Technik verwendet wird) weggelassen, um Ihnen stattdessen die allgemeinen Grundlagen des kreativen Stickens zu vermitteln. Unsere fünfzehn relativ unkomplizierten Handarbeiten basieren auf einem einfachen Stichrepertoire, das auch Anfängern keine Schwierigkeiten bereiten wird. Sobald Sie diese Stiche beherrschen, werden Sie sich ohne weiteres anspruchsvolleren Aufgaben zuwenden können. Daneben zeigt dieses Buch, daß man nicht immer über großartige handwerkliche Fähigkeiten verfügen muß, um eine ansehnliche Arbeit herzustellen. So mancher Entwurf in diesem Buch verwendet nämlich nur eine oder zwei Sticharten.

Es wird vielfach vermutet, daß man reichlich Geduld und Können besitzen müsse, um erfolgreich zu sticken. Darauf könnte man erwidern, daß man nur für langweilige Arbeiten Geduld braucht, was man aber von den meisten Stickerein nicht behaupten kann. Die wesentlichen Stiche sind schnell erlernt, und dann wird Ihnen sowohl das Arbeiten selbst wie auch die fertige Stickerei viel Vergnügen bereiten.

Bevor Sie anfangen

Der Neuling steht zuweilen verschüchtert vor einer riesigen Auswahl an Stoffen, Garnen, Nadeln, Scheren, Stickrahmen und Accessoires. Die meisten Materialien und Utensilien sind für ganz spezifische Zwecke gedacht; folgen Sie deshalb den Hinweisen in diesem Kapitel und achten Sie auf die Tips Ihres Fachhändlers, dann kommen Sie problemlos zu den den richtigen Produkten für Ihre Stickvorhaben.

Man kann aber auch eine riesige Vielfalt von Stoffen und Garnen verwenden, die nicht speziell fürs Sticken hergestellt wurden. Sobald Sie mit den Arbeitstechniken und der Beschaffenheit verschiedener Materialien näher vertraut sind, können Sie die richtige Stoffqualität zum Faden und die geeignete Nadel mit sicherer Hand auswählen.

Es ist auch lehrreich, sich die traditionellen Stickereien der unterschiedlichsten Weltgegenden anzusehen, wo vielleicht nur vor Ort hergestellte Materialien zur Verfügung stehen: z. B. grob gewebte, farbenfrohe Stoffe, die den Hintergrund vieler Ethnomuster bilden. Die Stickerei stellt in vielen sogenannten »primitiven« Gesellschaften einen wichtigen Lebensbereich dar – als deren einzige Möglichkeit, Stoffe zu verzieren. Von der unbeschwerten Arbeitsweise solcher Völker können wir viel lernen.

8

Material und Utensilien

Die Freunde des Stickens brauchen glücklicherweise keine teuren oder platzraubenden Materialien oder Arbeitsgeräte, um ihrer Leidenschaft erfolgreich nachgehen zu können. Dazu kommt noch der Vorteil, daß Stoffe, Garne, Nadeln und Scheren bequem zu transportieren sind, was die Stickerei zur idealen Beschäftigung im Urlaub und auf Reisen macht.

Entscheidend ist, daß die für eine Handarbeit ausgesuchten Materialien und Gerätschaften von guter Qualität und genau auf die jeweilige Aufgabe zugeschnitten sind. Nur mit einem angemessen ausgestatteten Handarbeitskorb erzielen Sie professionell aussehende Resultate und können Sie sicher sein, daß Ihnen die fertige Arbeit jahrelang Freude machen wird.

Der Handarbeitskorb

Der Handarbeitskorb muß gar nicht viel Werkzeug enthalten, damit Sie erfolgreich sticken können. Das ist im wesentlichen:

• Stickschere (siehe gegenüberliegende Seite), Nähschere zum Stoffschneiden, Papierschere
• Maßband
• Stecknadeln und Nadelkissen
• Wasserlöslicher Stift und/oder weicher Bleistift, um Details anzuzeichnen
• Durchzeichenstift und Pauspapier oder Schneiderkopierpapier, wenn Sie ein Muster selbst übertragen
• Schneiderkreide, für leicht zu entfernende Markierungen, wenn Sie Arbeiten zusammennähen
• Verschiedene Nadeln (siehe unten), Fingerhut und Nadelbüchse. Ein Nadelkissen ist für Sticknadeln nicht sehr empfehlenswert, da sie darin verlorengehen können.

Zusätzliche Utensilien, die zum Gelingen Ihrer Stickerei beitragen können:

Nadeln

Die Grundvoraussetzung für eine gelungene Stickerei ist eine gute Nadel, die die richtige Größe und Spitze für die jeweilige Arbeit besitzt. Die Nadel sollte glänzen, denn mit der Zeit nutzt sich die Oberfläche ab. Sie fühlt sich dann klebrig an und sieht etwas stumpf aus: Zeit für eine Nachfolgerin.
• Das Nadelöhr sollte groß genug sein, um den Faden bequem aufzunehmen, und auch ein doppelt genommener Faden sollte sich damit leicht durch den Stoff ziehen lassen. Wenn das nicht der Fall ist, sollten Sie es mit einer größeren Nadel versuchen.

• Stickrahmen in verschiedenen Größen. Auch wenn Sie am liebsten aus der Hand sticken, ist ein Rahmen hin und wieder unumgänglich, z.B. wenn Sie größere Flächen in Plattstich oder ähnlichen Sticharten ausführen. Auch Knötchenstiche machen ohne Rahmen Schwierigkeiten. Eine Stickarbeit läßt sich damit in Sekundenschnelle einspannen.
• Fadenspulen oder -kärtchen. Sie sind ausgesprochen praktisch, denn auch bei noch so vorsichtigem Abwickeln können sich einzelne Garnstränge leicht verheddern. Man spart Zeit und Nerven, wenn man den Faden auf ein Pappkärtchen wickelt. Notieren Sie die Farbnummer auf dem Kärtchen.
• Sticklupe, möglicherweise zum Umhängen. So haben Sie die Hände frei und bessere Sicht, wenn die Augen nicht mehr so wollen; es hilft aber auch beim Ausführen sehr kleiner Stiche, wie bei den bestickten Knöpfen auf Seite 88.

• Oft sind sehr feine Nadeln angegeben, da sie den Stoff leichter durchstechen, aber für Menschen mit weniger Fingerspitzengefühl sind sie schwer zu halten. Eine etwas größere Nadel schafft hier Abhilfe.
• Nadeln werden oft im Sortiment angeboten. Experimentieren Sie ruhig mit unterschiedlichen Größen.
• Die Nadelgröße wird in Zahlen ausgedrückt: je niedriger die Zahl, desto größer die Nadel. Eine Nadel Nr. 1 ist also größer als eine Nadel Nr. 2 usw. Die vier Nadeltypen, die fürs Sticken in Frage kommen, werden auf der gegen-

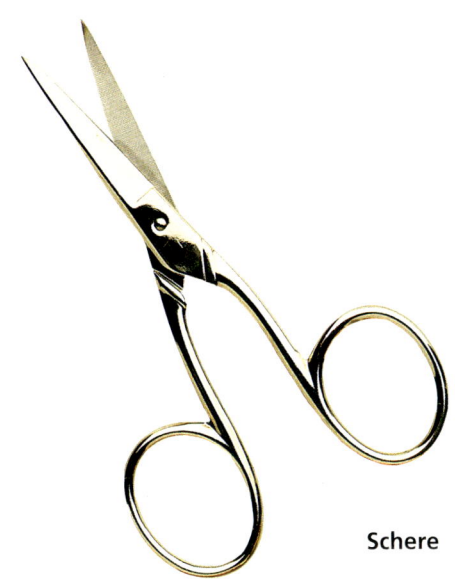

überliegenden Seite vorgestellt, aber grundsätzlich können Sie nach eigenem Gutdünken wählen.

Sticknadeln ohne Spitze (Straminnadeln) gibt es in den Größen Nr. 13 bis Nr. 24. Sie haben abgerundete, stumpfe Spitzen, die zwischen Kett- und Schußfaden von Stoffen wie Aida-Stoff und schweren, gleichmäßig gewebten Stoffen für gezählte Stickereien (siehe Seite 15) hindurchgleiten, ohne sie aufzuspleißen. Das ovale Öhr ist so dimensioniert, daß sich auch dicke Garne gut einfädeln lassen.

Sticknadeln mit Spitze werden für Stickereien auf allen Geweben verwendet, deren Fäden sich nicht auszählen lassen. Auch sie werden in Stärken von Nr. 13 bis Nr. 24 angeboten.

Feine Sticknadeln sind sehr spitz, um den Stoff leicht durchdringen zu können und haben ein langes Öhr, das einen oder mehrere Fäden Sticktwist oder Wolle aufnehmen kann. Im Fachhandel ist eine Packung mit sortierten Nadeln der Größen Nr. 3 bis Nr. 9 erhältlich.

Quiltnadeln (halblange Nähnadeln) gibt es in den Größen Nr. 3 bis Nr. 11. Sie sind spitz und kurz und damit für schnelles, ebenmäßiges Sticken geeignet.

Schere

Eine kleine, besonders scharfe und spitze Schere darf in keinem Handarbeitskorb fehlen. Die Schneiden sollten auf ganzer Länge scharf sein, besonders gegen die Spitze zu. Daneben brauchen Sie noch eine größere Schere zum Stoffschneiden.

Stickrahmen

Für die meisten Stickereien bietet sich ein Tambour- oder Rundrahmen als preiswertes und nützliches Arbeitsgerät an. Er besteht aus zwei ineinandergeschobenen Holzringen. Der Stoff wird über den kleineren Ring gespannt, worauf der größere Ring darübergeschoben wird. Die richtige Spannung läßt sich mit einer Schraube am größeren Holzring einstellen. In einem solchen Rahmen bleibt der Stoff glatt und der Stich flach, was vor allem bei langen Stichen wie dem Plattstich wichtig ist.
• Wenn die zu bestickende Fläche nicht zu groß ist, sollten Sie einen Rundrahmen hernehmen, der das gesamte Stickmotiv aufnehmen kann. Bei Stickflächen mit Übergröße muß der Rahmen darauf verschoben werden.
• Nach getanem Tagespensum sollten Sie die Stickerei stets aus dem Rahmen nehmen, da der Stoff sonst dauerhaft gedehnt oder ausgebeult wird.
• Die Stickarbeit sitzt viel gleichmäßiger im Rundrahmen, wenn der kleinere Holzring mit Stoff umwickelt wird. Schlagen Sie Leinenstreifen oder Schrägband um die Kante und heften Sie sie mit ein paar Stichen fest. Der Rahmen hält den zu bestickenden Stoff dann außerdem sicherer.
• Es gibt auch Rahmen, die sich am Tisch anschrauben lassen oder mit sonstigen Halterungen ausgestattet sind, die Ihnen beide Hände frei lassen. Die rechte Hand bleibt unter dem Rundrahmen und die Linke darüber (bei Linkshändern umgekehrt). Mit etwas Übung ist das die schnellste Arbeitsweise. Wichtig ist vor allem, daß sich die Stickarbeit gut in dem jeweiligen Gerät fixieren läßt und daß das Ganze nicht wackelt, wenn man daran arbeitet.

Rechteckige Rahmen

Große Stickarbeiten zieht man am besten auf einen rechteckigen Rahmen auf. Steppen Sie ein Stück Gurtband oder festen Stoff entlang der Kante des zu bestickenden Stoffes mit der Maschine an und binden oder heften Sie den Stoff am Rahmen fest. Dadurch wird der Druck vom zu bestickenden Gewebe genommen, und es wird geschont.

Garne

Zum Sticken eignet sich so gut wie jedes Garn, es muß nur durch ein Nadelöhr passen und mit dem Stoff harmonieren. Rupfen z.B. ließe sich sicher wunderbar mit weicher Schnur besticken. Aber ehe man Erfahrung im Umgang mit unterschiedlichen Arten von Garn gesammelt hat, hält man sich am besten an die erprobten Stickgarne, auf die man sich in puncto Haltbarkeit und Farbechtheit fest verlassen kann. Es wäre doch ein Jammer, wenn Sie stundenlang die Nadel tanzen lassen und dann feststellen, daß das Garn nicht kräftig genug war oder daß die Farben auslaufen, wenn die Stickerei gewaschen oder gedämpft wird (siehe S. 20).

Garne sind in vielerlei Arten von Strängen und Wicklungen erhältlich. Einige sind aufgerollt, so daß man leicht einzelne Fäden herausziehen kann, wie das beim Sticktwist der Fall ist. Bei vielen anderen dagegen muß man erst die Banderolen entfernen und das Garn entflechten, ehe man es benutzen kann. Diese Garntypen, wie z.B. Perlgarn oder Coton à broder, sind oft zu Strängen gewickelt, die aufgeschnitten werden und so ein Bündel Fäden bilden, die die richtige Länge zum Sticken haben. Wenn Sie das Bündel in der Mitte lose verknoten, läßt es sich ordentlich aufbewahren, ohne zu verheddern. Nehmen Sie kein Gummiband, um die Stränge zusammenzuhalten: Es würde das Garn verderben.

Ein anderes Garn kann ein und denselben Stich ganz anders aussehen lassen. Probieren Sie deshalb Garne von verschiedener Stärke für den gleichen Stich aus, um die unterschiedliche Wirkung zu testen. Viele Stiche lassen sich mit einem feinen Garn viel leichter ausführen, andererseits schafft ein dick auftragender, stark strukturierter Faden oft einen erstaunlichen dramatischen Effekt.

Baumwoll-Sticktwist

Dies ist das gebräuchlichste Stickgarn. Es wird manchmal auch als Stickseide bezeichnet, da es einen seidigen Glanz hat, der es einem zuweilen schwer macht, es auf den ersten Blick von echter Seide zu unterscheiden. Baumwoll-Sticktwist gibt es überall in Hunderten von Farben zu kaufen. Er besteht gewöhnlich aus sechs Fäden, die man trennen kann, um unterschiedlich dicke Stickfäden zu erhalten – daher auch der Name »Spaltgarn«.

Perlgarn (Coton perlé)

Dieses Garn zeichnet sich durch seine schimmernde, gerippte Oberfläche aus. Im Gegensatz zum Sticktwist können seine Fäden nicht geteilt werden. Dafür ist es in vier verschiedenen Stärken erhältlich: in 3, 5, 8 und 12–13.

Seidenfaden

Seidenfaden hat ganz ähnliche Eigenschaften wie Baumwoll-Sticktwist und läßt sich für die gleichen Aufgaben verwenden.

Coton à broder

Dies ist ein mercerisiertes, leicht schimmerndes Baumwollgarn. Es eignet sich besonders für Einfassungen, Festonarbeiten, z.B. mit einer dichten Knopflochstickerei, bei denen sich mehrsträngige Garne nicht gleichmäßig durchziehen lassen.

Weiche Stickbaumwolle

Dieser relativ dicke Einzelfaden hat eine matte Oberfläche. Am besten eignet er sich für lose gewebte Stoffe, da er sich nur schlecht durch eng gewebte ziehen läßt und leicht unförmig wirken kann, wenn man nicht den passenden Stich, wie z.B. Knötchenstich, dafür wählt.

Blumengarn

ist einfädig (im Gegensatz zum spaltbaren Sticktwist) und hat eine matte Oberfläche. Es wird für zarte Stickereien verwendet.

Tapisserie- oder Gobelinwolle

Diese beiden Wollgarne werden vor allem für Stickereien auf Stramin eingesetzt.

Strickwolle

Auch dünne Strickwolle – z.B. zweifädige Merinowolle – kann zum Sticken hergenommen werden, wobei strikt auf gute Qualität zu achten ist, d. h. auf 100 % Wolle und Farbechtheit.

Andere Garne

Es gibt auch Metallic- oder im Mehrtonverfahren gefärbte Garne und zahlreiche Spielarten von Seiden-, Baumwoll- und Synthetikgarnen. Wenn Sie die grundlegenden Sticharten beherrschen, können Sie ruhig mit solchen Garnen experimentieren – um Ihren Arbeiten eine persönlichere Note zu geben oder einfach aus Spaß an der Freude.

Stoffe Das Hauptkennzeichen aller speziell zum Besticken hergestellter Stoffe ist ihre gleichmäßige Webart in beiden Richtungen. In der Materialbeschreibung werden die Gewebefäden je 10 cm angegeben, und darauf beruht auch die sogenannte »Zählvorlage«. Diese Stoffe bilden zwei Hauptgruppen:

• Bei den **blockartig gewebten** Stoffen sind Ketten- und Schußfäden so angeordnet, daß sie eine kästchenartige Struktur bilden, die das Übertragen eines Zählmusters ganz einfach macht. Jeder Stich wird über einen Block oder ein Kästchen des Stoffes geführt. Man kann deshalb die voraussichtliche Größe des Stickbildes mit einiger Genauigkeit berechnen. Der meistbenutzte blockartig gewebte Stoff ist Aida, der in einer Vielzahl von Qualitäten, Webdichten und Fasern erhältlich und damit sehr vielseitig einsetzbar ist. Am häufigsten wird er beim Kreuzstich verwendet, er eignet sich aber grundsätzlich für alle Arten von geometrischen Mustern.

• **Gleichmäßig gewebte Stoffe** weisen, wie schon der der Name sagt, die gleiche Anzahl von Ketten- und Schußfäden je cm² auf. Für eine Kreuzstickerei auf gleichmäßig gewebtem Stoff führt man den Stich gewöhnlich in beide Richtungen über zwei Gewebefäden; bei anderen Stickarten zum Abzählen wird gewöhnlich im Stickmuster angegeben, über wieviele Gewebefäden der jeweilige Stich gearbeitet wird. Auch hier kann man die Größe der fertigen Arbeit ziemlich genau vorausberechnen, wenn man sich am Zählmuster orientiert. Gleichmäßig gewebte Stoffe eignen sich ideal für Stickarbeiten mit Hohlsäumen oder zusammengenommenen Fäden, ebenso für die Hardangerstickerei, eine gezählte Durchbrucharbeit mit Schling- oder Plattstich – lauter Techniken, die sich allesamt nur schlecht auf blockartig gewebten Stoffen ausführen lassen.

Die Stoffwahl

Diese Stoffe gibt es in jedem guten Handarbeitsladen, wobei sich Ihre Wahl keineswegs nur auf sie beschränken muß. Wie Sie später bei den vorgestellten Arbeiten sehen werden, eignen sich noch viele andere hochwertige Stoffe zum Besticken. Die Wahl des Stoffes richtet sich nach der Art der Stickerei, nach dem gewählten Garn und dem Verwendungszweck der Arbeit.

Vorbereitung

Investieren Sie ruhig ein wenig Zeit in die sorgfältige Vorbereitung des Stoffes! Denn das sorgfältige Ausrichten des Motivs, das fehlerfreie Übertragen des Musters und das Bereitstellen der passenden Gerätschaften erspart Ihnen später einigen überflüssigen Ärger. Es lohnt sich auch, verschiedene Markierungsmethoden auszuprobieren, damit sich der Entwurf klar auf dem gewählten Stoff abzeichnet und sich auf Wunsch auch wieder auswaschen läßt. Vor Arbeitsbeginn sollten Sie Ihren Stoff stets bügeln, damit Sie eine gleichmäßig glatte Arbeitsfläche vor sich haben.

Den Stoff vorbereiten

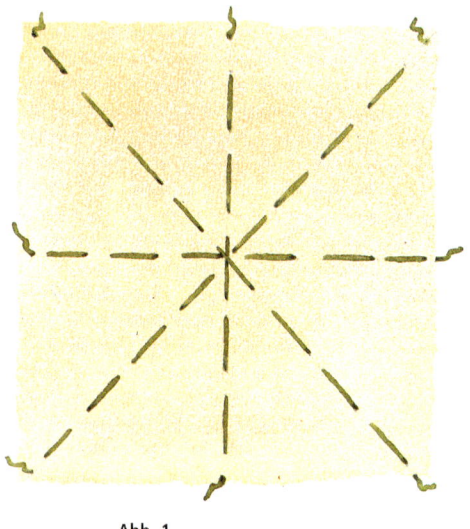

Abb. 1

Bevor Sie sich an Ihre neue Stickerei machen, bestimmen Sie die genaue Position des Stickmotivs:
• Bei geometrischen wie bei freien Mustern muß erst einmal die Mitte gefunden und markiert werden. Dazu wird der Stoff der Länge nach gefaltet und die Faltkante mit Heftstichen gekennzeichnet; dasselbe geschieht auch in der Breite. Der Stoff sollte nun in vier gleich große Rechtecke unterteilt sein.
• Markieren Sie nun auch noch die Diagonalen durch Falten und Heften. Symmetrische und vereinfachte Formen lassen sich anhand der ersten zwei Achsen leicht ausrichten, während für freiere Motive alle vier von Vorteil sind.

• Steppen Sie vor dem Sticken über die Stoffkante oder überkleben Sie sie mit Kreppband, um Ausfransen zu verhindern. Kreppband sollten Sie nur verwenden, wenn Sie die Kanten hinterher abschneiden, denn die Klebefläche verunstaltet den Stoff.
• Wenn man sich für ein Motiv entschieden hat, muß man es möglicherweise vergrößern oder verkleinern, damit es für die geplante Handarbeit die passende Größe hat. Kein Problem mit einem Fotokopiergerät – in einem guten Kopierladen brauchen Sie nur die Maße des Originals und die gewünschte Größe anzugeben, und der Rest wird für Sie berechnet.

Muster übertragen

Die Art und Weise, wie Sie das gewünschte Muster übertragen, sollte auf die jeweilige Handarbeit abgestimmt sein.
• Für leicht zu waschende Stickereien bietet sich das Durchpausen an (Methode 1).
• Wenn der Stoff zum Druchpausen zu dick ist, greifen Sie einfach zu Schneiderkopierpapier (Methode 2). Dessen Markierungen lassen sich vollständig auswaschen.
• Wenn die Stickerei die Markierungen am Ende vollständig überdeckt, ist eine Vorlage zum Aufbügeln die beste Option; sie liefert die klarsten Umrisse (Methode 3).

Bei allen drei Methoden sollten Sie sichergehen, daß Sie das Muster vollständig übertragen haben, ehe Sie mit dem Sticken beginnen; denn wenn man einmal mit der Stickerei angefangen hat, ist es schwierig, den Stoff wieder glatt auszubreiten. Außerdem lassen sich freie Muster nur noch mit Mühe ausrichten, und symmetrische Muster werden vielleicht windschief und lassen sich nicht mehr zusammenfügen, wenn man sie nur stückweise vorzeichnet.

Methode 1: Durchpausen
Bei dünnen Stoffen ist das direkte Durchpausen des Musters mit einem »Phantomstift« oder feinen Bleistift oft die einfachste und erfolgreichste Methode. Die Bleistiftspuren können möglicherweise den Stoff beschmutzen. Aber wenn es sich nicht gerade um einen sehr hellen Stoff handelt, müßten alle Spuren später auszuwaschen sein. Markierungen mit einem Phantomstift können noch vor der Fertigstellung der Stickerei verblassen und sind daher eher für kleine Arbeiten zu empfehlen.
1 Das Muster auf ein Blatt Pauspapier bzw. dünnes weißes Papier pausen oder zeichnen und mit Kreppband am Fenster befestigen.
2 Den Stoff mit Klebeband darauf befestigen und das Muster durchpausen.

Methode 2: Schneiderkopierpapier

Dieses speziell für Stoffe entwickelte Kopierpapier ist in mehreren Farben erhältlich. Nachteil: Die Farbe reibt vielleicht ab, bevor die Stickerei fertig ist. Das kann man zwar durch Bügeln verhindern, aber dadurch werden die Markierungen dauerhaft fixiert.

1 Die gewünschte Vorlage zeichnen, abpausen oder fotokopieren.

2 Den Stoff auf einer sauberen, glatten Oberfläche ausbreiten und mit Kreppband fixieren.

3 Das Schneiderkopierpapier mit der Farbseite nach unten auf den Stoff legen und mit Klebeband befestigen.

4 Die Vorlage darauflegen und mit Klebeband fixieren. Umrisse des Musters vorsichtig mit Kugelschreiber nachfahren.

5 Eine Ecke anheben und nachsehen, ob das Muster deutlich übertragen wurde, bevor das Kopierpapier entfernt wird.

Methode 3: Muster durchzeichnen

Es gibt zwar spezielle Kopierstifte für das Übertragen von Stickvorlagen, aber leider hinterlassen sie auf so manchem Stoff nur magere Spuren. Am besten funktionieren sie noch auf Synthetikgeweben und Stoffen mit behandelter Oberfläche oder Appretur; das Problem ist deshalb am einfachsten zu lösen, wenn man unbehandelte Stoffe unmittelbar vor dem Durchzeichnen gut mit Sprühstärke einsprüht. Die Markierungen lassen sich oftmals nicht mehr auswaschen, weshalb der Kopierstift nur in Frage kommt, wenn die Stickerei die Vorzeichnung voll überdeckt.

1 Das Muster auf dünnes Papier oder Pauspapier pausen.

2 Zeichnung umdrehen und Linien auf der Rückseite mit dem Kopierstift nachfahren.

3 Stoff bügeln und, falls unbehandelt, mit Stärke einsprühen; Vorlage festheften (mit der Kopierstift-Seite nach unten); langsam und heiß bügeln (nicht dampfbügeln!).

4 Eine Ecke anheben und nachsehen, ob sich die Vorlage gut abgezeichnet hat, dann Vorlage entfernen.

Vom Anfang bis zum Ende

Das Einfädeln des Garns, das Anbringen des ersten Stichs und das Anfangen und Vernähen eines Fadens: Über den allerersten und allerletzten Schritt einer Stickarbeit und über die vielen Fäden, die dazwischen liegen, wird selten ein Wort verloren, und dabei sind dies ganz entscheidende Arbeitsphasen. Nur wenn man schon beim ersten Stich sicher sein kann, daß er genau richtig und fest sitzt und sauber ausgeführt wurde, bekommt man das nötige Selbstvertrauen, das man für eine neue Stickerei braucht.

Einfädeln

Das Einfädeln bereitet vielen Menschen Probleme, entweder weil die Augen nicht mitmachen oder weil man die richtige Methode noch nicht kennt. Und die geht so:

1 Die Nadel in die rechte Hand nehmen (Linkshänder natürlich in die Linke) und mit der anderen Hand den Faden in einer Schlaufe über die Spitze der Nadel legen und festziehen

2 Die Schlaufe zwischen Daumen und Zeigefinger festhalten; die Nadel herumdrehen, das Öhr auf die Schlinge legen und niederdrücken, so daß der Faden hineinschlüpft.

Der Ausgangspunkt

Eine ganz wichtige Frage: Wo fängt man zu sticken an?

• Sie sollten stets in einem Stück arbeiten. Wenn Sie ein bißchen hier und ein bißchen dort sticken, stellen Sie am Ende womöglich fest, daß die Einzelteile sich nicht zu einem Ganzen fügen.

• Wenn ein Motiv sehr dichtes Sticken erfordert, führt man am besten zuerst die wichtigsten Partien in der Bildmitte aus und arbeitet sich nach außen vor, wie z.B. beim Teewärmer mit Blumenmuster auf S. 60.

• Bei den meisten Mustern, besonders aber bei geometrischen oder symmetrischen, ist es wichtig, daß Sie das Muster komplett aufzeichnen, ehe Sie mit dem Sticken beginnen (siehe S. 16).

Einen Faden anfangen

Der Faden sollte nicht länger als 50 cm sein.

• Bei den meisten Stickarbeiten fängt man einen Faden am saubersten an, indem man einige kleine Stiche setzt und das Ende des Fadens nach vorne legt. Er liegt gewissermaßen in »Marschrichtung« der Stickerei, d.h. auf der Stoffpartie, die Sie mit diesem Faden besticken wollen. Diese Anfangsstiche müssen dann überdeckt werden, um sicherzugehen, daß die Farben sich nicht überschneiden. Das würde nämlich dazu führen, daß der Faden eines Teils der Arbeit nur unzureichend von einer anderen Farbe überdeckt und womöglich durchscheinen würde.

• Wo die kleinen Anfangsstiche nicht von der Stickerei überdeckt würden, lassen Sie den Faden am besten durch einige Stiche auf der Rückseite laufen, bevor Sie anfangen. Vermeiden Sie es dabei, dunkle Fäden durch helle zu ziehen und umgekehrt, da man sie vielleicht durchsieht. Wenn Sie an einer Stelle beginnen, wo noch keine Stiche sind, sollten Sie auf der Rückseite ein langes Ende lassen, das sie dann mit einarbeiten, sobald einige Stiche ausgeführt sind.

Einen Faden vernähen

• Wenn Sie in derselben Farbe fortfahren, machen Sie ein paar winzige Stiche, und zwar an einer Stelle, wo sie vom nächsten Faden überdeckt werden. Das Ende nach oben herausschauen lassen, und möglichst knapp abschneiden.

• Wenn Sie mit einer anderen Farbe fortfahren, drehen Sie die Arbeit um und ziehen Sie den Faden durch ein paar Stiche auf der Rückseite. Achten Sie darauf, daß Sie auf der Rückseite niemals einen Faden über eine Fläche laufen lassen, die nicht bestickt wird. Das kann die Stoffspannung ruinieren, man sieht auch den Faden durch.

Die Fadenenden sollten abgeschnitten werden, sobald sie befestigt sind, da sie sich ansonsten verheddern.

Zu diesem Buch

Stiche

Damit Sie sich leichter zurechtfinden, wurden die in diesem Buch verwendeten Stickstiche in vier Gruppen unterteilt: Linienstiche, Saumstiche, Füllstiche und Zierstiche. Diese Unterteilung kennzeichnet zwar die gebräuchlichsten Aufgabengebiete der einzelnen Stiche, aber die meisten Stiche sind so vielseitig, daß sie sich in jeder dieser Kategorien verwenden lassen. Der offene Hexenstich z.B. wurde im Fall des roten Überwurfs (S. 27) als Saumstich eingesetzt, während er bei der Patchworkdecke auf S. 90 als Zierstich auftritt. So können auch sämtliche Linienstiche in dichten Reihen gestickt werden, was sie kurzerhand zu Füllstichen macht (siehe das Paisley-Musterkissen auf S. 44).

Garne

Die in den Arbeitsanleitungen angegebenen Garne sind überall im Handel erhältlich. Sie können sich aber auch für andere Garne entscheiden und statt Baumwolle Seide hernehmen oder feines Perlgarn anstatt Coton à broder. Um einen ähnlichen optischen Effekt wie auf unseren Abbildungen zu erzielen, sollten Sie aber möglichst ein Garn von gleichem Gewicht nehmen. Wenn Sie ein anderes Resultat anstreben, werden Sie schon durch kurzes Experimentieren herausfinden, wie unterschiedliche Stoffe und Fäden sich mit den angegebenen Sticharten vertragen.

Mengenangaben Jede Stickerin verbraucht unterschiedliche Mengen Garn – je nachdem, wie eng die Stiche gesetzt werden, wieviel Garn beim Beginnen und Abschließen eines Fadens verwendet wird und wie fest die Stiche angezogen werden. Deshalb sollten die für die jeweiligen Arbeiten angegebenen Mengen nur als Orientierungshilfe angesehen werden. Da viele dieser Stücke alt, und die genauen Mengenangaben nicht erhalten sind, können wir die benötigten Mengen leider oft nur schätzen.

Farben Die im Handel erhältlichen Stickgarne dürften alle soweit farbecht sein, daß es keine Farbabweichungen gibt, wenn Sie nach einiger Zeit Garn nachkaufen. Wolle ist da schon weniger zuverlässig, aber leichte Farbveränderungen erhöhen eher den Reiz der fertigen Stickerei, als daß sie störend wirken.

Fertigstellen

In diesem Buch finden Sie auch Anleitungen dazu, wie Sie mit Ihrer Stickarbeit nützliche Dinge herstellen können. Dabei wird davon ausgegangen, daß Sie Grundkenntnisse im Nähen besitzen.

Die Pflege der Stickerei

Sie sollten sich nicht davor scheuen, Ihre Stickerei auch zu benutzen! Wenn die Fadenenden gut vernäht wurden, müßte Ihre fertige Stickarbeit einiges aushalten. Sie können sich also unbeschwert daran erfreuen. Bei den vielen Arbeitsstunden, die Sie hineingesteckt haben, wäre es doch jammerschade, wenn Sie das gute Stück wegsperren würden, damit es nur ja keinen Schaden nimmt. Wenn Sie die Arbeit sauberhalten und vorsichtig waschen, hält sie lange Zeit, vor allem, wenn durchwegs nur hochwertiges Material dafür verwendet wurde.

Alte Stickereien verwenden

Vererbte, gesammelte oder in Ihrer Jugend hergestellte alte Stücke, die hübsch aber nicht wertvoll sind, können Sie oft ganz pfiffig zweckentfremden. So wird z.B. auf S. 68 ein Tischtuch in einen reizvollen Vorhang verwandelt, auf dem die Stickerei einfach besser zur Geltung kommt. Tablettauflagen können zu einer größeren Patchworkarbeit zusammengenäht werden, die als Bettüberwurf oder Kissenbezug fungiert. Und wo der Stoff fleckig oder abgewetzt, aber die Stickerei noch intakt ist, können Teile des Originals auf Decken, Querbehänge oder Vorhänge appliziert werden.

Viele alte Stickereien, vor allem Arbeiten aus dem Orient, sind im Lauf der Jahre ausgebleicht, was Ihren Reiz nur noch erhöht. Waschen könnte ihnen jedoch ernsthaft schaden. Darum gibt man sie am besten in einen Rahmen und hängt sie an einem vor direktem Sonnenlicht geschützten Platz an die Wand.

Waschen

Staub und intensives Sonnenlicht sind die Hauptfeinde jeglicher Stickerei. Die Garne mögen noch so farbecht sein, direktes Sonnenlicht wird sie letztlich doch ein wenig erbleichen lassen, während Staub das Material selbst angreift. Das gilt vor allem für Wolle. Daher ist es wichtig, Stickereien sauberzuhalten.

Bis auf Gobelin- bzw. Leinwandarbeiten sind die meisten Stickereien waschbar. Wenn die Fadenenden sorgfältig eingearbeitet wurden, und die Garne farbecht sind, kann man manch großes Stück sogar mit der Maschine waschen – im Schonwaschgang, versteht sich.

Farbechtes Baumwollgarn wäscht man am besten in reichlich heißem Wasser, da in lauwarmem oder kaltem Wasser die Farben eher auslaufen. Verwenden Sie ein gut aufgelöstes, schonendes Waschpulver und vermeiden Sie »biologische« Pulver sowie Waschmittel, die chemische Aufheller und dergleichen enthalten.

Schleudern sie die Stickerei nicht und bleiben Sie dem Wäschetrockner fern! Wickeln Sie die nasse Stickerei stattdessen in ein weißes Handtuch und drücken Sie sie vorsichtig aus, bevor Sie sie zum Trocknen aufhängen. Bügeln Sie die Arbeit vorsichtig, solange sie noch ein wenig feucht ist, indem Sie sie mit dem Motiv nach unten auf ein dickes Handtuch legen. Die Stickfäden trocknen möglicherweise langsamer als der Stoff; legen Sie deshalb die Stickerei nach dem Bügeln flach aus, bis sie vollständig durchgetrocknet ist.

Leinwand- oder Gobelinstickereien sollten niemals gewaschen werden. Es besteht nämlich die Gefahr, daß der Stramin einläuft und die Appretur, die das Gewebe in Form hält, ausgewaschen wird. Staub läßt sich meist durch gründliches Dämpfen entfernen, aber wenn die Stickerei wirklich stark verschmutzt ist, hilft nur noch eine chemische Reinigung.

Aufbewahrung

Stickereien, bewahrt man am besten flach auf säurefreiem Seidenpapier ausgebreitet in einer Schublade auf. Nehmen Sie keine Plastiktüten – die sind elektrostatisch und ziehen Staub an, und Textilien können darin nicht atmen. Achten Sie darauf, daß die Stücke ganz mit Seidenpapier bedeckt sind, und breiten Sie abschließend noch eine Lage Stoff über das Ganze.

Linienstiche

Die Linienstickerei ist wahrscheinlich eine der ältesten Formen des Stickens überhaupt und erinnert als solche an die einfachsten Formen der Zeichnung: ein Großteil des Bayeuxteppichs, der immerhin mehr als 900 Jahre alt ist, ist in Linienstich ausgeführt. Die Beliebtheit der Linienstickerei in den achtziger Jahren des vorigen Jahrhunderts geht wahrscheinlich darauf zurück, daß Muster verkauft wurden, deren Linien bereits in einer Farbe vorgestickt waren. In den USA verdankte der Linienstich seine große Popularität der Tatsache, daß entsprechende Motive nicht nur in Frauen-, sondern auch in Kunstzeitschriften veröffentlicht wurden. Ein amerikanischer Schriftsteller bemerkte damals: »Da die Schönheit der Linienstickerei zum großen Teil auf der Anmut und getreuen Abbildung der Formen beruht, ist sie eine Fertigkeit, die ihrem Wesen nach künstlerisches Gespür sowie eine besonders feine Handhabung verlangt.« Vielleicht eine etwas überzogene Sichtweise, denn gerade die unkomplizierte und schnelle Ausführung des Linienstichs hat wohl wesentlich zu dessen Beliebtheit beigetragen. Zudem verlangt die zumeist naive Darstellungsweise der Motive kaum eine »besonders feine Handhabung«. Die Stickerei wurde in der Regel mit einfarbigem

Sticktwist ausgeführt, der aus irgendeinem Grund – wohl modischer Art – zumeist rot war. In die Muster wurden oft auch Sprichwörter eingearbeitet. Vor allem Sinnsprüche auf Kopfkissen waren sehr beliebt. In diesem Sinne: »Frohes Schaffen, treues Lieben / Sind stets das Beste noch geblieben!«

Linienstiche

Der Linienstich stellt die einfachste Art des Stickens dar; damit kommt er von allen Formen der Stickerei der Linienzeichnung am nächsten, da er sich – auch für Anfänger – bestens für die gelungene Darstellung einfacher Motive eignet. Die Arbeiten werden oft nur in einer Farbe ausgeführt, was ihnen einen naiven Charme verleiht, für den das Motiv wichtiger ist als die Ausführung. Mit dem Linienstich kann man sich aber auch an anspruchsvollere Arbeiten wagen, bei denen die Stichreihen als Schraffuren gesetzt, und mehrere Farben und Oberflächen ins Spiel gebracht werden, indem man verschiedene Farbtöne und Garne verwendet. Die Linienstickerei eignet sich aber auch dazu, Motive mit interessanten Oberflächenstrukturen auszufüllen; dazu muß man nur die Stichreihen mehr oder weniger eng nebeneinander setzen. Hierfür bieten sich vor allem Ketten- und Stielstich an (siehe Paisleymuster-Kissen auf S. 44).

Vorstich

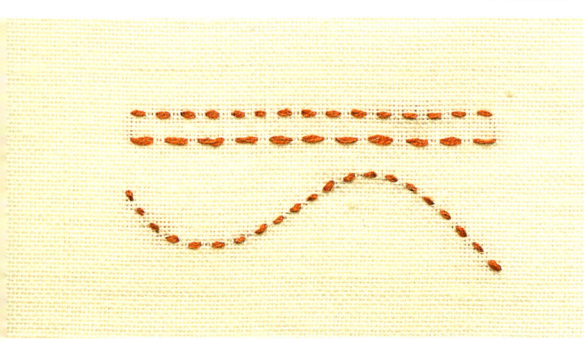

Er gehört bei jeglicher Art von Näherei zur Stich-Grundausstattung. Er besteht aus kurzen Stichen, die in einer einzigen, durchbrochenen Linie über den Stoff laufen. Mit dem Vorstich lassen sich vor allem kleine Bögen, aber auch Pflanzenstiele elegant ausführen, wie überhaupt alle Partien, wo durchgehende Linien zu dick auftragen würden.

Der Vorstich wird von rechts nach links gearbeitet, wobei nach oben ausgestochen und eine unterbrochene Linie er-

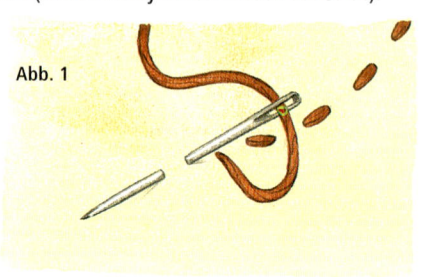

Abb. 1

zeugt wird, bei der Sie Stichlänge bzw. Zwischenräume je nach Stickerei verändern können (Abb. 1).

Umschlungener Vorstich

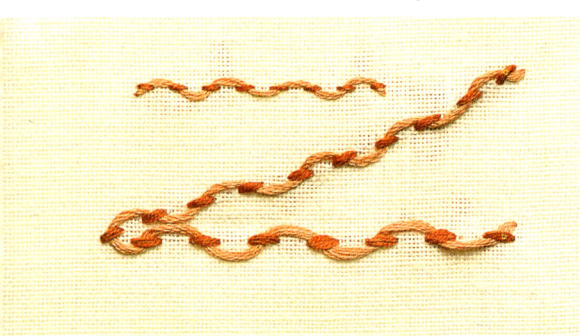

Der Vorstich läßt sich wunderbar verzieren und zu einer Bordüre ausbauen, indem er von einem zweiten Faden in einer anderen Farbe umschlungen wird (Abb. 2). Der zweite Faden wird durchgezogen, wenn der Vorstich komplett ausgeführt ist; dabei wird er aber nicht über die Unterseite geführt. Mit einer kleinen, stumpfen Sticknadel läßt sich dieser Faden unter dem Vorstich durchziehen, ohne die bereits ausgeführten Stickpartien zu durchstechen. Bei unserem Patch-

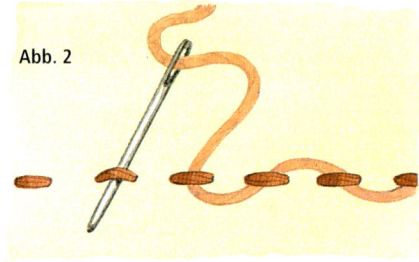

Abb. 2

work (siehe S. 90) wurde der Vorstich eingesetzt, um eine Naht zwischen den Flicken zu verzieren.

Rückstich

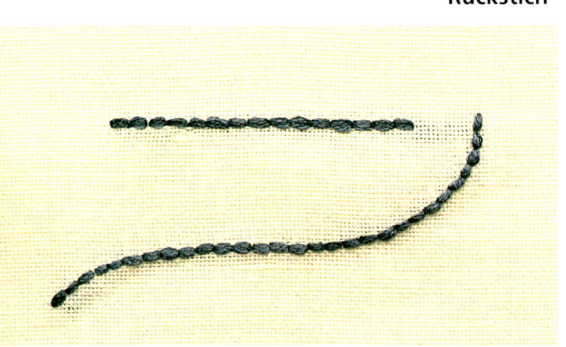

Der Rückstich eignet sich am besten für lange, gerade Linien (siehe Indianischer Querbehang, S. 64), aber auch für Bögen, wobei er aber nicht so weich geschwungen ist wie der Stielstich (siehe gegenüberliegende Seite). Er wird von rechts nach links gearbeitet, indem man auf der Stoffunterseite einen langen Stich nach oben aussticht und auf der Oberseite einen kurzen Stich nach hinten in die jeweils vorletzte Ausstichstelle ausführt (Abb. 3).

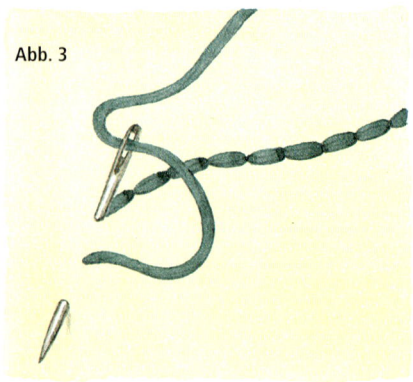

Abb. 3

Pekinesenstich

Dieser dekorative Stich ist ein Rückstich, durch den ein zweiter Faden in Schlingenform gezogen wird (Abb. 4). Es ist dabei entscheidend, daß die Fadenspannung gleichmäßig und nicht zu fest ist; so wirkt der Stich am besten. Es können auch mehrere Fäden durchgezogen werden, dann läßt sich mit einem ganz einfachen Stich eine Vielzahl von Farb- und Strukturkontrasten erzeugen.

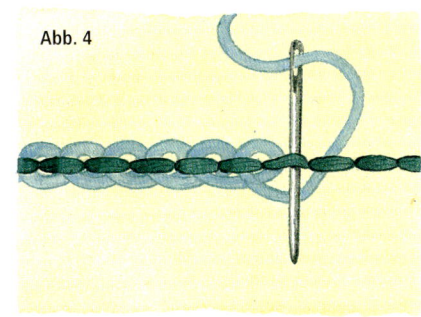
Abb. 4

Stielstich

Wie schon der Name sagt, wird der Stielstich für das Ausführen von Pflanzenstielen verwendet, aber auch für alle Umrisse, bei denen eine durchgehende, weiche Linie gewünscht wird. Wenn ein breiter Kordeleffekt gewünscht wird, sticht man jeweils neben der vorgezeichneten Linie ein bzw. aus, ansonsten wird entlang der Linie gearbeitet, wenn man dünne Stielstiche erhalten will (Abb. 6).
1 Anfangsstich wie beim Vorstich; Stichwinkel nach Wahl.
2 Die Nadel auf halber Länge des vorherigen Stiches nach oben ausstechen; Stickvorgang entlang der vorgezeichneten Linie fortsetzen.

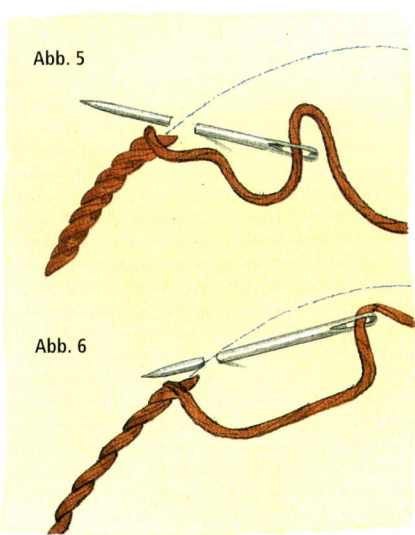
Abb. 5

Abb. 6

Kettenstich

Auch hier haben wir es mit einer einfachen und dabei wirkungsvollen Stichtechnik zu tun. Als Linienstich erweist sich der Kettenstich als schnell und vielseitig. Die meisten indianischen Wollstickereien werden ausssschließlich im Kettenstich gearbeitet, wobei zur Erhöhung der Stickgeschwindigkeit eine gekrümmte Nadel verwendet wird. Zuweilen verwendet man dafür den Begriff

»Tambur«-Arbeit, da der Stoff straff über einen Rundrahmen gespannt wird wie das Fell eines Tamburins. Die spitze Tamburiernadel wird durch den Stoff gestochen und nimmt dabei den Faden von unten auf. Es gibt verschiedene Arten von Kettenstichen, von denen die einfachste für unsere Stiefmütterchen (siehe S. 30) verwendet wurde; dabei wurde mit einer gewöhnlichen Sticknadel mit Spitze gearbeitet.
1 Den Faden nach oben ausstechen. Faden mit linkem Daumen niederhalten und direkt neben der Ausstichstelle ein- und nach vorne – in Stickrichtung – ausstechen, dabei Arbeitsfaden unter der Nadel zu einer Schlaufe ziehen (Abb. 7).
2 Faden durchziehen und Kette wie beschrieben fortsetzen (Abb. 8).

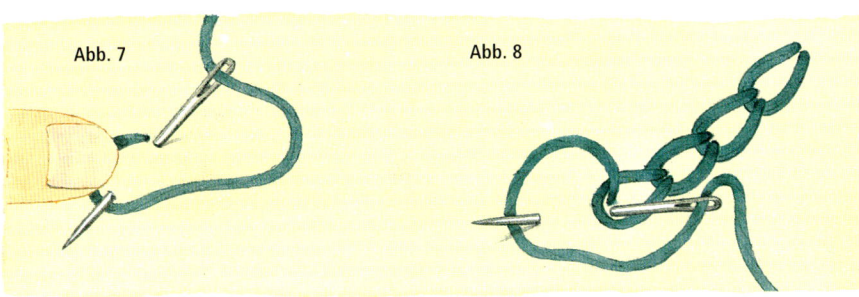
Abb. 7 Abb. 8

Überwurf mit roten Motiven

Verwendete Stiche:
Stielstich (S. 25)
Knötchenstich (S. 76)
Hexenstich (S. 76)

Diese amerikanische Stickerei besteht aus 90 Feldern, von denen jedes sein eigenes, oft recht eigenwilliges Motiv besitzt. Der Reiz dieser Decke beruht ganz auf der Schlichtheit und Anspruchslosigkeit des Musters, wobei man endlos darüber rätseln kann, wie ihr Schöpfer darauf verfiel, eine Kartoffel, einen Eimer oder ein Stück Käse neben konventionellere Motive wie Blumen und Tiere zu setzen. Acht dieser Motive werden auf dieser und den nächsten beiden Seiten vorgestellt. Aber das eigentliche Vergnügen an einer solchen Arbeit besteht darin, daß man Muster und Symbole darauf versammelt, die etwas mit dem eigenen Leben zu tun haben. Das Wichtigste an dieser Arbeit ist schließlich ihre unverwechselbar persönliche Note.

Manchmal wurden solche Überwürfe von mehreren Leuten bestickt, aber unsere Arbeit stammt wohl nur von einer Person, da die Stickerei sehr dicht und regelmäßig ist. Auf einem der Quadrate ist die Jahreszahl 1903 eingestickt. Die Decke würde sich ausgezeichnet als Wandbehang oder als Tischdecke machen (siehe S. 23).

Material
Linon, weiß, ausreichend für die gewünschte Anzahl von Quadraten. Die fertigen Stoffstücke messen ca. 21 cm x 21 cm (2 cm Nahtzugabe)
Krüwellnadel Nr. 5 oder 6
Sticktwist in einer Farbe eigener Wahl

Sticken
1 Motive (die hier vorgeschlagenen oder eigene) jeweils auf ein Papierquadrat aufzeichnen. Auf den Stoff übertragen (siehe S. 16/17).
2 Den Sticktwist durchwegs sechsfädig verwenden und jedes Quadrat einzeln besticken. Die Umrisse der Motive in Stielstich ausführen und kleine Details wie das Innere eines Blütenkelches und Tieraugen in Knötchenstich einsticken.

Fertigstellen
Stoffquadrate auf großem Tisch oder Fußboden auslegen und nach eigenem Gutdünken plazieren.
1 Quadrate mit der Maschine zu Streifen zusammensteppen. Die Nahtzugaben jeweils auf ca. 1 cm zurückschneiden und auseinanderbügeln.
2 Die Streifen zusammennähen, die Nahtzugaben zurückschneiden und auseinanderbügeln. Wichtig: Vor dem Nähen stecken, damit die Quadrate richtig sitzen und sich nicht verschieben, wenn sie durch die Maschine laufen.
3 Die Nähte mit Hexenstich übersticken; das verdeckt geschickt die Stöße und faßt die ungesäumten Kanten auf der Unterseite der Decke ein, so daß sie nicht ausfransen können. Die äußeren Kanten wurden bei dieser Arbeit zweifach eingeschlagen und ebenfalls mit Hexenstichen gesichert, wodurch normales Säumen hinfällig wird.

Eines der eigenwilligen Stickbilder auf der Decke in Originalgröße. Mehr Motive zum Durchpausen gibt es auf der nächsten Doppelseite.

Eine Auswahl aus den Motiven auf dem Überwurf (Originalgröße). Pausen Sie sie auf den Stoff und fügen Sie eigene Entwürfe hinzu.

Stiefmütterchen im Kettenstich

Einst soll es ja die Lieblingsblume von Königin Elisabeth I. gewesen sein, aber auch in unseren Tagen ist das Stiefmütterchen wieder ausgesprochen en vogue. Mit seinen relativ einheitlichen Formen und der eigenwilligen Anordnung seiner Blütenblätter eignet es sich hervorragend als Vorlage für einfache Linienstickereien. Und sein Reichtum an unverwechselbaren Farben wird durch die satten Farbtöne der Stickwolle noch unterstrichen.

Krüwellarbeiten – auch bekannt als »Jacobean Work«, was von den bestickten Wandbehängen herrührt, die im England des ausgehenden 17. Jh. sehr beliebt waren – sind Stickereien, die mit Wolle ausgeführt werden. Es ist nicht geklärt, ob der Name von der Wolle oder von der Kunstform selbst hergeleitet ist. Jedenfalls wird das feine zweifädige Garn, das für diese Art von Stickerei verwendet wird, auch als Krüwellwolle bezeichnet.

Einige Stickereien in der Krüwelltradition sind äußerst verzwickt ornamentiert und bedürfen geschulter Hände. Das ist aber nicht zwangsläufig der Fall, denn es lassen sich auch ganz einfache Stiche benutzen, genau wie beim Sticken mit Baumwoll- oder Seidengarn. Diese Veilchen sind in Kettenstich gearbeitet, der als Linienstich und als Füllstich dienen kann, und hie und da taucht ein Stielstich auf.

Verwendete Stiche:
Kettenstich (S. 25)
Stielstich (S. 25)
Margeritenstich (S. 75)

Material

Kissen:
50 cm x 50 cm Stoff für die Kissenunterseite
Reißverschluß (35 cm Länge)
Nähfaden in passender Farbe
45 cm x 45 cm Kissenfüllung

Kordelbesatz (falls gewünscht):
3 Stränge á 10 m einfädige Gobelin- oder Strickwolle in einer passenden Farbe (im Foto: Preußisch Blau)
Passende Knopflochseide oder doppelter Nähfaden
Evtl. Bohrmaschine mit Rundhaken als Bohreinsatz
Feine Sticknadel Nr. 3

Stickerei:
50 cm x 50 cm feiner, gleichmäßig gewebter Leinentwill
Sticknadel mit Spitze Nr. 22
Ca. 50 cm x 50 cm Pappkarton oder festes Papier
Stickwolle in den auf Seite 33 angegebenen Farben

Sticken

1 Vorlage auf S. 33 mit einem Fotokopiergerät auf 156 % vergrößern. Auf das Leinen übertragen (Methode 2 oder 3, siehe S. 16/17).

2 Zuerst die Veilchen sticken; dabei die Umrisse mit einer oder mehreren Kettenstichreihen in den in der Tabelle angegebenen Farben ausführen. Die Stichrichtung ist nicht von Belang. Die Blumen auf dem Krug in Margeritenstich und Stiele in Stielstich hinzufügen.

3 Wenn Blumen und Krug fertig gestickt sind, fertigen Sie eine quadratische Maske aus Pappe (33 cm x 33 cm) an und legen Sie sie zentriert auf die Stickerei. Mit dem Bleistift die Innenkanten des Pappquadrats auf dem Stoff anzeichnen. So erhalten Sie die Sticklinie für die aufgestickte Umrandung.

4 Zwei Kettenstichreihen in Preußisch Blau und Graublau entlang dieser Linie sticken. Die Kreuze in Kettenstich hinzufügen (blasses Aquamarin); jeweils freihand mit Bleistift vorzeichnen.

Diese Stiefmütterchenblüte stammt aus dem Gesamtmotiv und zeigt die Blume in Originalgröße.

Abb. 1

Abb. 2

Abb. 3

Fertigstellen

1 Stoff für Kissenunterseite 15 cm über der Unterkante auseinanderschneiden.

2 Die zwei Stücke rechts auf rechts zusammenlegen und den Reißverschluß in die Mitte der Schnittkante legen. Beide Enden des Reißverschlusses auf dem Stoff anzeichnen. Die Stoffteile mit der Maschine bis zu diesen Markierungen zusammensteppen (Abb. 1). Den Stoff mit der Rückseite nach oben flach auf ein Bügelbrett legen, Nahtzugaben entlang der kurzen Nähte und der Öffnung für den Reißverschluß auseinanderbügeln (Abb. 2). Feststecken und Reißverschluß annähen (Abb. 3).

3 Die Stickerei mit dem Stickbild nach unten auf eine saubere Oberfläche legen und mit dem Bleistift die Nahtlinie aufzeichnen, die rundum 5 cm größer ist als das Quadrat der gestickten Umrandung.

4 Ober- und Unterseite entlang der Bleistiftlinien rechts auf rechts mit der Maschine zusammensteppen. Die Nahtzugabe auf 2 cm zuschneiden und die Ecken zurechtschneiden. Die Kissenhülle durch die Reißverschlußöffnung wenden und Kissenfüllung hineingeben.

Kordel herstellen und anbringen

1 Jeden Wollstrang in drei gleich lange Stücke unterteilen und an beiden Enden zusammenknoten. Dadurch erhalten Sie drei Stücke von je ca. 3,3 m Länge, von denen jeder aus drei Wollfäden besteht.

2 Jedes dieser drei Stücke am Türrahmen oder einem Haken befestigen. Straffziehen und von Hand oder mit dem Bohrer im Uhrzeigersinn verdrehen, bis er sich wellt. Mit Nadeln oder Gewichten gespannt halten.

3 Vorgang mit den beiden anderen Stücken wiederholen, bis sie die gleiche Länge wie das erste haben.

4 Alle drei Stücke fest in der Hand halten und gegen den Uhrzeigersinn zusammendrehen, bis sie eine straffe, feste Kordel bilden.

5 Einen ca. 4 cm langen Schitt an der unteren Naht des Kissens anbringen.

6 An dieser Öffnung beginnend die Kordel mit der Hand annähen. Die Stiche recht eng setzen, aber nicht zu fest anziehen, da sonst die Kante Falten wirft.

7 Wenn die Kordel ringsum angenäht ist, die fransigen Enden durch den 4 cm langen Schlitz nach innen schieben und fest übernähen (Abb. 4).

Abb. 4

	Appleton	Paterna			Appleton	Paterna
Weinrot	148	900	Blasses Aquamarin		521	506
Lavendel	102	313	Blasses Olivgrün		343	653
Violett	456	311	Mittleres Grün		354	603
Indigo	106	571	Dunkelgrün		546	691
Violett-Blau	106	570	Orange		473	726
Preußisch Blau	925	511	Gelb		551	773
Graublau	923	513	Blaßgelb		872	764
Wacholder	157	520	Weiß		991	261

Benötigte Mengen

Jeweils ein Strang *Appleton*-Stickwolle reicht bequem aus. Die meisten anderen Hersteller verpacken die Wolle in wesentlich kürzeren Längen, weshalb Sie wahrscheinlich zwei Stränge von den in der Umrandung verwendeten Blautönen benötigen, wenn Sie keine *Appleton*-Wolle verwenden. Bei den anderen Farben reicht jeweils ein Strang.

Wichtig: *Appleton*-Wolle ist einfädig, während *Paterna*-Wolle dreifädig abgepackt ist. Verwenden Sie durchgängig nur jeweils einen *Appleton*- oder *Paterna*faden.

Vergrößern Sie das Veilchenbild mit dem Fotokopiergerät auf 156 %. Pausen Sie nur die Umrisse ab und übertragen Sie sie auf den Stoff.

Elegante Einfassungen

Stiche zum Einfassen von Stoffkanten stellen eine der wichtigsten Stickformen dar, bei der sich die Form auf höchst befriedigende Weise aus der Funktion ergibt. So erzeugen die eng gearbeiteten Knopflochstiche, die so charakteristisch für Festonarbeiten sind, nicht nur eine feste Kante, die man direkt bis zur Stickerei zurückstutzen kann; sie betonen überdies den Schwung des Musters oder verstärken den eleganten Effekt eines Festonrandes, während sie gleichzeitig das Säumen des Stoffes überflüssig machen.

Wo ein eingeschlagener Saum erforderlich ist, bietet sich als klassische Methode eine Hohlsaum-Stickerei an. Das kann schlicht und elegant, aber auch höchst dekorativ und ausgefallen sein – jedenfalls wird auf diese Weise in wunderbarer Doppelfunktion ein Saum gesichert und eine Verzierung angebracht. Arbeiten mit Wickelhohlsaum können in ganz ähnlicher Weise zum Säumen dienen, aber sie sind in ihren dekorativen Möglichkeiten eher eingeschränkt. In diesem Kapitel lernen Sie auch Stiche kennen, mit denen zwei

Stoffkanten verbunden werden: Eine herkömmliche Naht wird durch eine Durchbrucharbeit ersetzt. Diese Technik wird hier an der Einfassung einer Kopfkissenhülle vorgestellt, sie eignet sich aber auch für Unterröcke und Nachthemden, bei denen Nähte eher unbequem wären.

Stiche zum Einfassen von Abschlußkanten

Die Stiche, die speziell zum Versäubern, Säumen oder Zusammennähen von Stoffen gedacht sind, lassen sich in drei Hauptgruppen unterteilen. Zur ersten gehört der Schlingstich, der gewöhnlich für Stoffe benutzt wird, bei denen die ungesäumte Kante eingeschlagen wird. Der Knopflochstich, der einem eng gearbeiteten Schlingstich ähnelt, erzeugt eine feste Kante, ohne daß der Stoff umgeschlagen wird. Dabei kann man den Stoff, falls erforderlich, direkt bis zur Stickerei zurückschneiden. Offeneren ausgeschnittenen Mustern verleihen Stege (mit einfachem und doppeltem Knopflochstich) zusätzliche Stabilität und Verzierung. Die zweite Gruppe besteht aus Hohlsaumarbeiten mit herausgezogenen oder zusammengezogenen Fäden, mit denen sich verzierte Borten und Bortenkanten herstellen lassen. Die Gewebefäden über der Naht werden dabei entweder entfernt oder straff zusammengefaßt, und bilden auf diese Weise einen eleganten, durchbrochenen Abschluß. Zur dritten Gruppe zählen die Nahtverbindungen, mit denen zwei Stoffkanten auf dekorative und effektive Art und Weise zusammengefügt werden.

Schlingstich

Dieser Stich wird bei Arbeiten angewandt, bei denen die ungesäumte Kante eingeschlagen wird.

1 Unmittelbar über der Faltkante nach oben ausstechen, um den Stoff fest zu erfassen (Abb. 1).

2 Dann den Faden nach unten durch den Stoff führen und an der Kante eine Schlinge bilden usw. (Abb. 2).

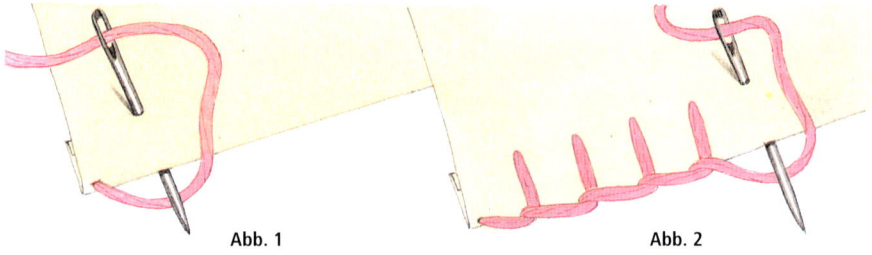

Abb. 1   Abb. 2

Knopflochstich

Dieser Stich, der natürlich gern für Knopflöcher benutzt wird, spielt auch bei vielen durchbrochenen Mustern eine wichtige Rolle. Dabei werden bestimmte Stoffpartien unmittelbar entlang den bestickten Stoffkanten ausgeschnitten, was ein aufgelockertes, spitzenartiges Aussehen bewirkt. Eine Reihe von Vorstichen unter dem Knopflochstich festigt bei durchbrochenen Arbeiten das Gewebe zusätzlich (Abb. 4).

Dieser Stich kann auch als Füllstich verwendet werden: Man bestickt die auszufüllenden Partien in geraden Reihen, die miteinander verbunden werden, indem man den Faden durch die Schlaufen der jeweils darüberliegenden Reihe führt. Die Stiche können aber auch den Konturen des auszufüllenden Abschnitts folgen: Man läßt einfach die Reihen immer kleiner werden, bis die Fläche ausgefüllt ist.

Abb. 3

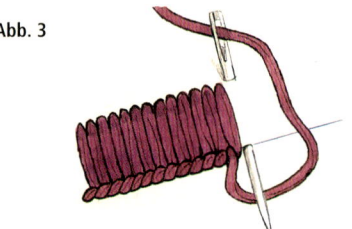
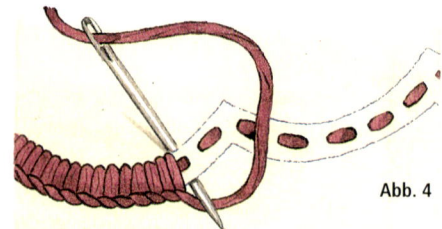

Abb. 4

Stege mit Knopflochstich

Mit diesen Stegen kann man große ausgeschnittene Flächen in Form halten.

1 Einzelne Stege stellt man beim Arbeiten der Vorstiche her. Man führt den Faden dreimal über den späteren Ausschnitt und sichert ihn jedesmal mit einem kleinen Stich (Abb. 5).

2 Dieser Steg wird dann mit Knopflochstichen bedeckt, wobei die Stiche eng nebeneinander sitzen sollten, ohne den Stoff zu erfassen (Abb. 6).

3 Jetzt werden die Vorstiche um den Ausschnitt herum fortgesetzt (Abb. 7).

4 Wenn die Vorstiche ausgeführt sind, die Umrisse der auszuschneidenden Fläche mit Knopflochstichen bedecken und den Stoff mit einer kleinen spitzen Schere ausschneiden (Abb. 8).

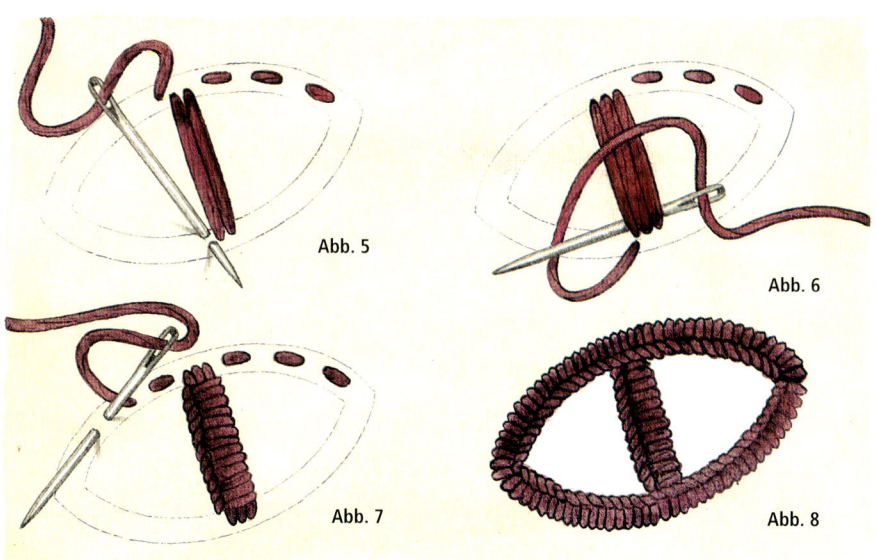

Abb. 5

Abb. 6

Abb. 7

Abb. 8

Stege mit doppeltem Knopflochstich

Wird der Knopflochstich bei einer Festonarbeit auf beiden Seiten ausgeschnitten, braucht man den doppelten Knopflochstich.

1 Eine Reihe Vorstiche als Steg ausführen, über den die erste Reihe Knopflochstiche gestickt wird. Dabei zwischen den einzelnen Stichen etwas Abstand lassen.

2 Eine zweite Reihe arbeiten, dabei in die Zwischenräume der ersten Reihe sticken (Abb. 9).

3 Den Umriß fertig sticken, indem Sie Knopflochstiche um die späteren Schnittkanten des Musters setzen.

4 Entsprechende Stoffpartien wegschneiden; es bleibt ein kräftiger, breiter Steg, der die Teile des Musters zusammenhält (Abb. 10).

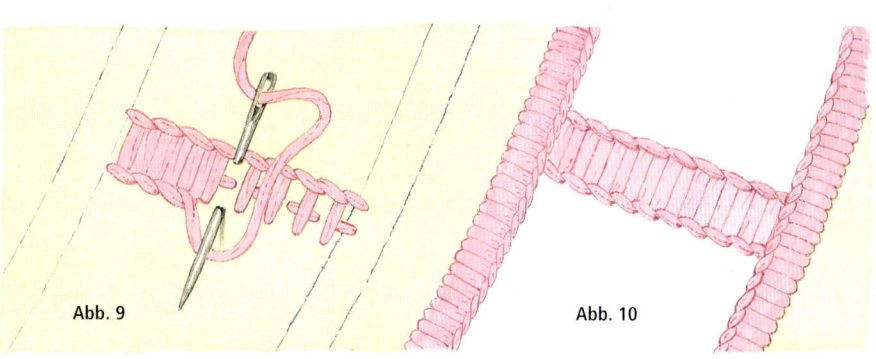

Abb. 9

Abb. 10

Arbeiten mit Hohlsaum

Nach dem Entfernen einiger Kett- und Schußfäden aus dem Gewebe faßt man die verbliebenen Fäden zusammen oder überstickt sie und erhält so Reihen mit kleinen Löchern, die mit Stickstichen verziert werden. Das kann sehr extravagant oder ganz schlicht aussehen, in jedem Fall ist es eine nützliche Methode, um fertige Stickereien zu säumen. Gleichmäßig gewebte Stoffe eignen sich hierfür am besten, da sie ein problemloses Abschneiden und Herausziehen einzelner Fäden ermöglichen. Der Stickfaden sollte die gleiche Stärke wie die Gewebefäden haben, dann kommt er am besten zur Geltung.

Einfacher Hohlsaum

Bitte beachten Sie, daß die Anzahl der herauszuziehenden oder zusammenzufassenden Fäden von der Webdichte und dem gewünschten Effekt abhängig ist.

1 Zur Vorbereitung des Stoffes: Linie aufzeichnen oder aufbügeln, wo der fertige Saum sitzen soll. Genug Saumzugabe lassen.

2 Die Linie markieren, wo die Fäden herausgezogen werden sollen und die Fäden in der Mitte des Stoffes durchschneiden. Zwei bis vier Fäden innerhalb der Saumlinie entfernen, immer nur einen Faden auf einmal.

3 Saum umschlagen und ganz knapp unterhalb der Fadenrinne feststecken.

4 Stickerei beginnen (von rechts nach links). Der Faden sollte zwei Gewebefäden unterhalb der losen, vereinzelten Fäden ausgestochen werden. Darauf achten, daß die Nadel bei jedem Stich auch die eingeschlagene Saumkante auf der Stoffunterseite erfaßt.

5 Die Nadel über vier Gewebefäden führen, hinter diesen Fäden einstechen und zwei Gewebefäden tiefer ausstechen. Auf ganzer Saumlänge wiederholen (Abb. 1).

Stäbchen-Hohlsaum

Diese Variante unterscheidet sich vom Saumstich darin, daß die Stiche zu beiden Seiten des durchbrochenen Streifens ausgeführt werden (Abb. 2).

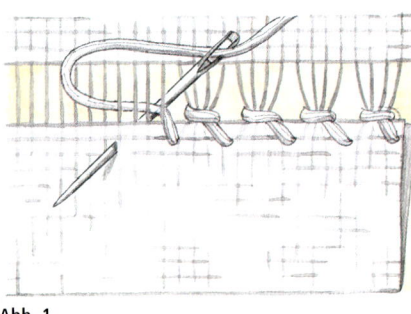

Abb. 1

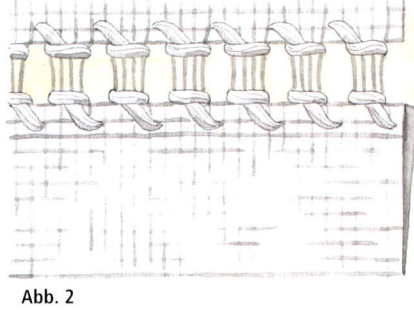

Abb. 2

Arbeiten mit zusammengezogenen Fäden (Wickelhohlsaum)

Hier werden die Gewebefäden mittels der Stiche so zusammengezogen, daß kleine Löcher entstehen. Mit dieser Technik können unter Verwendung mehrerer Sticharten durchgehende Muster ausgeführt, aber auch einfache Umrandungen hergestellt werden (siehe Saumstich, folgende Seite). Manchmal werden beide Techniken – die des Heraus- und die des Zusammenziehens – in einen Topf geworfen; sie lassen sich jedoch einfacher erklären, wenn man klar zwischen ihnen unterscheidet.

Für Arbeiten mit zusammengezogenen Fäden eignen sich gleichmäßig gewebte Stoffe wie z.B. Leinen, bei denen sich die Fäden leicht zählen lassen, am besten. Verwenden Sie zum Sticken eine dünne Sticknadel, deren stumpfe Spitze die Gewebe nicht aufspleißt, und nehmen Sie einen Stickfaden von ungefähr der gleichen Stärke wie die Gewebefäden. Schöne, regelmäßig aussehende Muster erhält man nur, wenn man beim Sticken streng auf gleichmäßige Spannung achtet; ein Rundrahmen ist hier von Vorteil.

Saumstich

Dieser Stich wird ähnlich ausgeführt wie die Hohlsaumstiche, die bereits beschrieben wurden. Die Gewebefäden werden entlang der Saumlinie zusammengefaßt, aber es werden keine Fäden entfernt.

Man nimmt zwei oder drei Fäden zusammen und übernäht sie zweifach, wobei der darunterliegende Saum eingefaßt wird, und eine Reihe mit winzigen Löchern entsteht (Abb. 3 und 4).

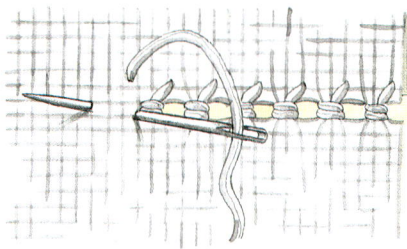

Abb. 3

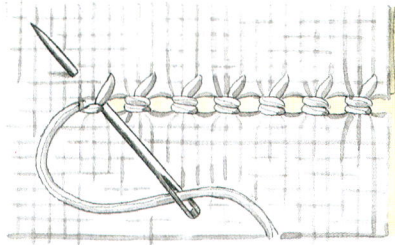

Abb. 4

Nahtverbindungen

Mit diesen dekorativen Stichen können zwei Stoffstücke mit etwas Abstand aneinandergenäht werden. Ihr Schwierigkeitsgrad reicht von ausgesprochen einfach bis höchst kompliziert; wir wollen Ihnen hier drei der einfacheren Verbindungsstiche zeigen.

Die zwei zu verbindenden Stoffstücke werden auf ca. 5 cm breiten Packpapier- oder Leinenstreifen (schwere Qualität) festgesteckt (Abstand zum Rand ca. 1 cm), damit sie für die Stickerei richtig sitzen. Die etwa 5 cm breiten Streifen werden so unter dem Stoff plaziert, daß man problemlos darüber sticken kann. Für die unten beschriebenen Stiche sollte die Lücke zwischen den Stoffstücken nicht mehr als 5 mm breit sein, da die Stickerei sonst zu lose und instabil wird. Nach dem Sticken werden die Papier- oder Leinenstreifen entfernt.

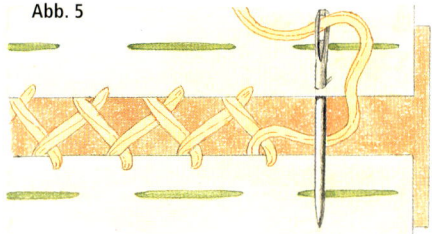

Offener Verbindungsstich

Einer der einfachsten Verbindungsstiche, der auf die gleiche Art gestickt wird wie der Bäumchenstich (siehe S. 74), wobei hier die Stiche über den Zwischenraum hinweg von Kante zu Kante verlaufen (Abb. 5). Der Abstand zwischen den Stichen sollte regelmäßig sein.

Geknoteter Verbindungsstich

Dieser Stich wird genauso gearbeitet wie der offene Verbindungsstich, außer daß zusätzlich über jede Schlinge ein Kettenstich gesetzt wird (Abb. 6).

Langetten-Verbindungsstich

Der Knopflochstich als Nahtverbindungs-Variante setzt sich aus Knopflochstichen (gewöhnlich vier) zusammen, die abwechselnd auf den beiden Stoffkanten ausgeführt werden (Abb. 7). Der Abstand zwischen den Stoffstücken sollte kleiner sein als beim offenen oder geknoteten Verbindungsstich.

Beim Wechsel von einer Stoffkante zur anderen beachten, daß die Querfäden stets gleichmäßig straff gespannt sind; andernfalls geraten die Gruppen von Knopflochstichen außer Form.

Abb. 5

Abb. 6

Abb. 7

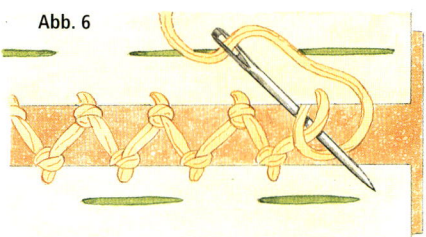

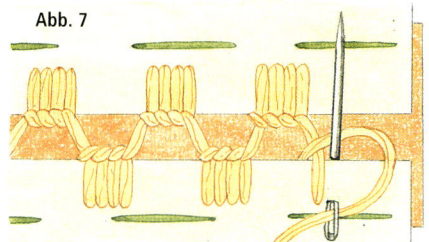

Blätter in Ausschnitt-stickerei

Verwendete Stiche:
Vorstich (S. 24)
Knopflochstich (S.36)
Knopflochstich-Stege (S. 37)
Doppelte Knopflochstich-Stege (S. 37)

Bei Stickarbeiten, bei denen nach dem Sticken bestimmte Stoffpartien ausgeschnitten werden, sollte man auf die ausgewogene Verteilung von ausgeschnittenen und geschlossenen Flächen achten, vor allem, wenn es sich um ein dichtes Muster handelt. Bei solchen Festonarbeiten wird zumeist der Knopflochstich eingesetzt, da er für eine feste Kante sorgt, an der man den Stoff ausschneiden kann, ohne daß die Gefahr des Ausfransens besteht. Diese Ausschnittstickerei zeigt ein ungezwungenes Blattmuster, das sich praktisch auf jeder Stoffgröße anbringen läßt. Auf der gegenüberliegenden Seite ist das Muster auf einem hauchzarten Tischtuch zu sehen, aber ebensogut könnte man es sich als breite Bordüre auf einem durchsichtigen Vorhang vorstellen (siehe S. 35). Um die Blattformen besser zur Geltung zu bringen, wurde das Innere der Motive und nicht der Hintergrund ausgeschnitten. Einfache und doppelte Knopflochstich-Stege wurden in den Entwurf eingearbeitet, um die Ausschnitte in Form zu halten und ein Durchhängen zu vermeiden. Bei dieser Stickerei empfiehlt sich ein Rundrahmen, da derart leichte Stoffe wie Organza sehr gerne Falten werfen, wenn aus der Hand gestickt wird. Ein alternatives Festonmuster finden Sie auf S. 98/99.

Material

Weißer Organzastoff (Größe je nach Wunsch)
Feine Sticknadel Nr. 5 oder 6 Rundrahmen mit Halterung/Stativ
Spitze Stickereischere
Coton á broder in *DMC* 746 oder *Anchor* 386 (für die gezeigte Arbeit wurden zwei Stränge benötigt)

Stoff vorbereiten

1 Hier sehen Sie eine Auswahl der Blattformen, die wir für unsere Tischdecke hergenommen haben. Die größeren Blätter haben gestickte Stege.
2 Übertragen und plazieren Sie die Blätter nach Belieben oder in einem durchgehenden Muster. Halten Sie sich dabei an Methode 1 oder 3, wie auf S. 16/17 beschrieben. Zeichnen Sie auch die Position der Stege an.

Sticken

1 Stoff in einen Rundrahmen spannen. Beim Sticken sollte Ihre rechte Hand unter der Arbeit sein, und die linke darauf (bei Linkshändern umgekehrt). Wenn Sie keinen Rahmen benutzen, dürfen Sie die Fäden nicht straffziehen, da der Stoff sonst Falten wirft.
2 An beliebiger Stelle mit dem Sticken beginnen. Vorstiche zwischen den doppelten Linien um die Blätter ausführen und, wo angegeben, Stege einsetzen. Jedes Blatt mit Knopflochstich einfassen, wobei die Kantenseite mit den Schlingen nach innen zeigen muß.
3 Wenn alle Knopflochstiche und Stege ausgeführt sind, können Sie die Blätter ausschneiden. Mit einer spitzen Stickereischere den Stoff entlang den gestickten Einfassungen abschneiden.

Fertigstellen

Verwenden Sie dieses Muster für eine Stickarbeit Ihrer Wahl. Wenn Sie sich für ein Tischtuch entscheiden, schlagen Sie einfach ringsum einen Saum ein. Wie die Briefecken gearbeitet werden, sehen Sie auf S. 94. Bei einem Vorhang sticken Sie entlang der Oberkante einen Schlauch, in dem die Gardinenschnur verläuft. Die untere Kante säumen.

Diese Blattmotive sind in Originalgröße abgebildet.
Die Umrisse als doppelte Linien durchpausen und entweder
in beliebiger Anordnung oder als Rapport auf den Stoff übertragen.
Zur Stabilisierung der größeren Blätter Stege mit einfachen oder doppelten
Knopflochstichen verwenden.

Kopfkissenhülle mit Stehsaum

Mit einer kleinen, filigranen Stickerei kann man gewöhnliche Bettwäsche wie z.B. einen Kopfkissenbezug in einen Luxusgegenstand verwandeln, an dem man jeden Tag seine Freude haben wird. Wenn man auch seine Laken auf diese Weise einfaßt, hat man flugs ein Bettwäscheset beisammen. Wandeln Sie das Diagramm in Abb. 1 so ab, daß das innere Rechteck auf Ihr Kissen paßt.

Verwendete Stiche:
Offener Verbindungsstich
(Auswahl siehe S. 39)

Abb. 1 5 mm Lücke für Stickerei und 6,5 cm für gefaltete Umrandung einplanen

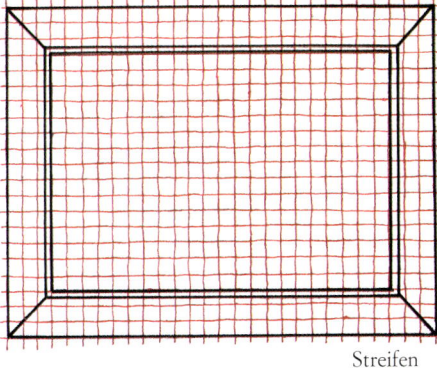

Streifen

Abb. 2 Falten

Streifen

Material

Kopfkissenhülle:
Schnittmusterpapier
Linon, weiß (Menge siehe Schnittmuster)
Passender Nähfaden
2 Knöpfe
Stickerei:
Packpapierstreifen (5 cm) für die ganze Länge und Breite der Kissenhülle
Feine Sticknadel Nr. 4
10 g-Knäuel weißes Perlgarn Nr. 8

Schnittmuster

1 Das Diagramm in Abb. 1 auf Schnittmusterpapier übertragen. Einen langen und einen kurzen Streifen aufzeichnen.
2 Das Schnittmusterpapier entlang der Außenkante der Streifen falten, dabei 1 cm Nahtzugabe an den Enden und der Innenkante hinzufügen (Abb. 2).
3 Das innere Rechteck des Kissens übertragen, ringsum Nahtzugabe hinzufügen und ausschneiden.

Stoff ausschneiden

1 Zwei Rechtecke ausschneiden, wobei eines 3 cm länger ist als das Muster.
2 Einen Stoffstreifen von der Länge des Rechtecks und 15 cm Breite als Knopflochleiste ausschneiden.
3 Zwei kurze und zwei lange Umrandungsstreifen ausschneiden.

Bestickte Umrandung

1 Alle Umrandungsstreifen der Länge nach auf die Hälfte umbügeln, rechte Seite nach außen. Die Nahtzugaben an den Längsseiten auf links umbügeln.
2 Die Streifen auffalten und die kurzen

Abb. 3

rechts auf rechts auf die langen legen, so daß die Enden übereinstimmen. Zusammenstecken und -nähen. Bei den anderen beiden Ecken genauso verfahren. Alle vier Nähte glattbügeln, wieder falten und die ursprünglichen Faltungen bügeln.
3 Die Nahtzugaben auf dem kleineren Rechteck (Kissenoberseite) auf links umbügeln. Gut auf den Packpapierstreifen feststecken und heften.
4 Den Umrandungsstreifen um dieses Rechteck legen, dabei das Papier zwischen die zwei Lagen des Streifens stecken. Nur die obere Lage des Streifens auf dem Papier feststecken und heften, dabei eine 5 mm breite Lücke lassen.
5 Das Rechteck und die Umrandung mit dem Verbindungsstich zusammensetzen. Heftfäden und Papierstreifen entfernen.
6 Die Unterseite des Umrandungsstreifens auf links an der Innenkante feststecken, mit Hohlstichen festnähen.

Fertigstellen

1 An einer Seite des größeren Rechtecks einen Saum von 3,5 cm umschlagen und Nahtzugaben auf die linke Seite umbügeln. Dieses Rechteck links auf links auf das andere legen, die ungesäumten Kanten richtig plazieren, feststecken und mit Hohlstichen zusammennähen.
2 Die Knopflochleiste der Länge nach halbieren, mit der rechten Seite nach außen, und umbügeln. Die Nahtzugaben ringsum auf links umbügeln und diese Kanten mit Hohlstichen zusammennähen. Zwei Knopflöcher anbringen.
3 Die Knopflochleiste auf die linke Seite der Kissenoberseite an die Öffnung legen, wobei die mit Hohlstichen vernähte Längsseite und die Enden an der Kante der Stickerei anliegen. Feststecken und mit Hohlstichen annähen.
4 Die Knöpfe auf dem Saum des anderen Rechtecks annähen.

43

Kissen mit Paisley-Muster

Der eigentliche Zweck eines Stickmustertuches besteht darin, daß man mit verschiedenen Stichen experimentieren und später auf die fertige Arbeit zurückgreifen kann, wenn man Ideen für neue Vorhaben braucht. Daher ist eine Mustersammlung eher eine Art Stick-Notizbuch als ein vollendetes Kunstwerk, denn hier sind Fehler und Unregelmäßigkeiten ebenso gewinnbringend wie perfekt gearbeitete Stiche. Sie zeigt uns, wie ein bestimmter Effekt zu erzielen ist, wobei Vorder- und Rückseite einer Stickerei gleichermaßen wichtig und aufschlußreich sind.

Diese Mustersammlung in Form eines Kissens strebt also nicht nach Perfektion, sie präsentiert lediglich einige der Linien- und Umrandungsstiche, die in diesem und im vorigen Kapitel behandelt wurden, und setzt sie sowohl als Linien- wie auch als Füllstiche ein. Die Farbpalette ist recht klein und daher leicht zu handhaben. Sie können in jedem Motiv alle oder nur ein paar Farben verwenden; wählen Sie einfach spontan aus, welche Ihnen am besten gefallen. Damit wird deutlich, wie sich Farben gegenseitig beeinflussen und wie so oft ganz unterschiedlich wirken, wenn man sie eng nebeneinander setzt.

Verwendete Stiche:
Paisley-Konturen:
Knopflochstich (S. 36)
Zum Ausfüllen:
Vorstich (S. 24)
Umschlungener Vorstich (S. 24)
Rückstich (S. 24)
Pekinesenstich (S. 25)
Stielstich (S. 25)
Kettenstich (S. 25)
Schlingstich (S. 36)
Bordüre:
Einfacher Hohlsaum, aber ohne einen
Saum einzufassen (S. 38)

Material
Kissen:
40 cm x 40 cm leichter Drillich für die
     Rückseite
25 cm Reißverschluß
Passender Nähfaden
Kissenfüllung
Stickerei:
40 cm x 40 cm kittfarbenes, gleichmäßig gewebtes Leinen (ca. 80
     Fäden/10 cm)
Feine Sticknadeln Nr. 6 oder 7 für die
     Umrisse und Nr. 5 zum Ausfüllen
Gobelinnadel Nr. 26 für Saumstich-
     Bordüre und umschlungene Stiche
Coton à broder, Perlgarn Nr. 3 und Nr. 5
     (in den in der Tabelle auf S. 46 angegebenen Farben)

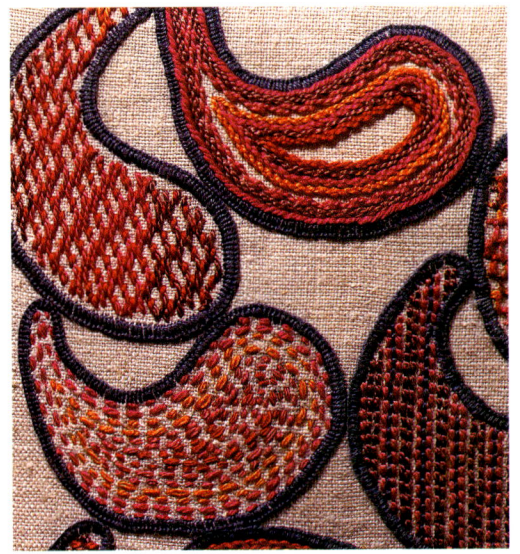

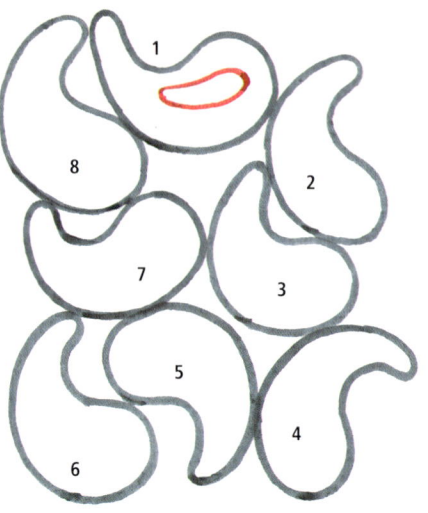

Stoff vorbereiten

Übertragen Sie das Muster (gegenüberliegende Seite) auf den Stoff; verwenden Sie dazu eine der auf den Seiten 16 und 17 beschriebenen Methoden.

Sticken

1 Alle Paisleymotive mit eng aneinandergereihten Knopflochstichen umranden (mit Coton à broder).
2 Die Paisleyformen mit Stickereien ausfüllen; dabei nach dem Schema rechts vorgehen oder eigene Stiche auswählen. Mit Perlgarn Nr. 5 sticken.
3 Ein Rechteck von 22 cm x 19 cm um die Stickerei zeichnen, dabei die Linien bis zu den Kanten des Stoffes durchziehen. Entlang dieser Linien jeweils vier Fäden herausziehen (siehe S. 38). Die verbliebenen Fäden mit Hohlsaumstichen zu Gruppen von jeweils drei Fäden zusammenfassen; mit Perlgarn Nr. 3 sticken.

Fertigstellen

1 Kissen mit Drillich fertigstellen wie beim Veilchenkissen (siehe S. 32); es soll am Ende 33 cm x 33 cm messen.
2 Kissen von rechts bügeln und darauf achten, daß die Nähte feste Kanten bilden und die Ecken gerade sind.
3 Rückseite in ca. 2 cm Abstand vom Rand an der Vorderseite festheften. In ca. 1,5 cm Abstand vom Rand ringsum mit der Maschine feststeppen, Heftfäden entfernen. Füllung hineingeben.

Stiche für Paisleymuster

1 Stielstich, konzentrisch verlaufend
2 Schlingstich in miteinander verbundenen Reihen
3 Rückstich in geraden Reihen
4 Stielstich und Vorstich in geraden Linien
5 Kettenstich, konzentrisch verlaufend
6 Pekinesenstich in geraden Linien
7 Vorstich, konzentrisch verlaufend
8 Umschlungener Vorstich in geraden Linien

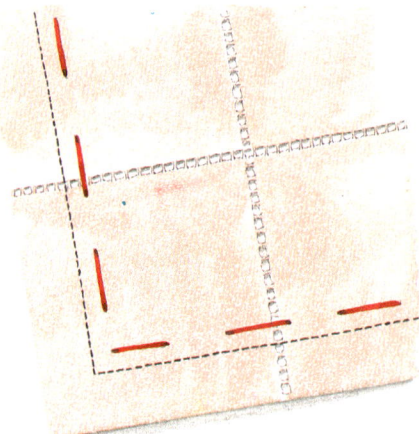

Abb. 1

	Anchor	DMC
Paisleyumrisse	*Coton à broder*	
Schiefergrau	1035	930
Zum Ausfüllen	*Perlgarn Nr. 5*	
Purpur	19	304
Magenta	78	601
Weiches Rosa	76	3350
Bräunliches Rosa	1019	315
Terracotta	338	920
Bordüre	*Perlgarn Nr. 3*	
Weiß	2	blanc neige

Verwendete Menge

Ein Strang oder Knäuel von jeder Farbe.

Das Muster ist in Originalgröße abgebildet. Nur die Umrisse der Paisley-motive abpausen und auf den Stoff übertragen. Mit den Stichen aus dem Stichschema auf der gegenüberliegenden Seite ausfüllen.

47

Mit Farbe füllen

Füllstiche werden als flächendeckende Stiche eingesetzt, wobei sich so gut wie jede Art von Stickstich zum Füllstich umfunktionieren läßt. Stichreihen können eng nebeneinandergesetzt werden, einzelne Stiche lassen sich beliebig oder systematisch zusammenfassen, und schließlich kann man Stiche mit Fäden umschlingen, um sie zu verbinden. Dem Einfallsreichtum sind hier kaum Grenzen gesetzt.

Normalerweise benutzt man Füllstiche, um die Flächen eines Stickbildes »auszumalen«. Schöne Effekte erzielt man aber auch, wenn man nur den Hintergrund ausfüllt und die Motive selbst frei läßt, vorausgesetzt, es handelt sich um relativ einfache Formen.

Es gibt offene Füllstiche, die den Stoff nicht vollständig bedecken und sich gut für die Bearbeitung großer Flächen eignen, bei denen eine durchgehende Stickerei zu schwer wirken und zuviel Mühe machen würde. Durchgehende Füllstiche dagegen können dichte Blöcke von intensiver Farbigkeit und Textur erzeugen, je nachdem, wie dicht die Stickerei gearbeitet wurde. Das Ganze wirkt noch reicher und fülliger, wenn man die Stickerei zusätzlich unterlegt – ein Kunstgriff, der häufig und mit beeindruckenden Resultaten in der Kirchenstickerei verwendet wird.

Füllstiche

Die Wahl des passenden Füllstichs hängt zu einem guten Teil von der Form des auszufüllenden Motivs bzw. der auszufüllenden Fläche ab. Große Flächen, vor allem Hintergründe, werden gewöhnlich in relativ offenen Stichen gearbeitet, die den Stoff nicht vollständig bedecken. Das geht nicht nur schneller, es verhindert auch, daß ein unausgewogenes Stickbild entsteht, bei dem der Hintergrund zuviel Gewicht erhält. Dichtere und damit farbintensivere Stiche wie Plattstich oder überkreuzter Plattstich nimmt man am besten für kleinere Motive wie Blütenblätter oder Blätter.

Plattstich und unterlegter Plattstich

Der gebräuchlichste Füllstich ist der Flach- oder Plattstich, der kleine Flächen mit langen glatten Stichen dicht überdeckt, und dadurch wie eine durchgehende, weiche Farbfläche wirkt (Abb. 1). Die Stiche sollten immer in einer Richtung ausgeführt und so gelegt werden, daß der Grundstoff nicht mehr zu sehen ist.

Es können auch andere Stiche wie der Vorstich oder ein in eine andere Richtung gearbeiteter Plattstich als Grundlage vorgestickt werden, die den unterlegten Plattstich noch reliefartiger erscheinen läßt (Abb. 2 und 3). Damit gewinnt dieser Stich, der an Farbdichte und -intensität ohnehin seinesgleichen sucht, noch zusätzlich an Leuchtkraft.

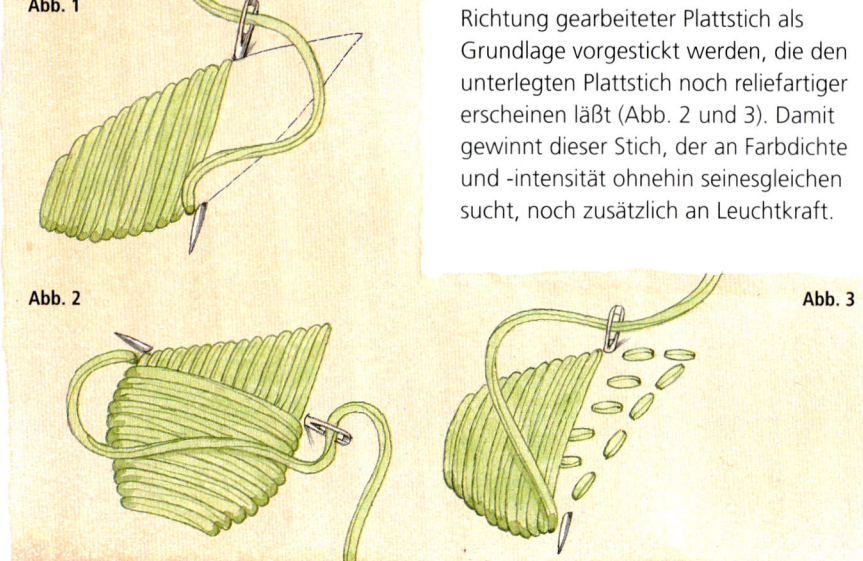

Abb. 1

Abb. 2

Abb. 3

Ineinandergreifender Plattstich

Diese Variante des Plattstichs besteht aus geraden Stichen von unterschiedlicher Länge, die ineinandergreifen. Er wird oft für große oder unregelmäßige Flächen benutzt oder dient dazu, weiche Schattierungen zu erzeugen. In der ersten Reihe arbeitet man abwechselnd lange und kurze Stiche, die dem Umriß des Stickmotivs möglichst exakt folgen (Abb. 4) Die Stiche in den darauffolgenden Reihen werden so gearbeitet, daß sich ein weiches Erscheinungsbild ergibt (Abb. 5).

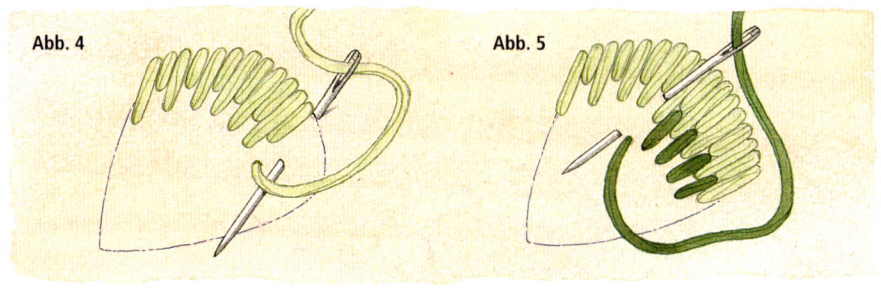

Abb. 4

Abb. 5

Federstich

Ein Plattstich, der auch zweigeteilt und einen anderen Stich umfangen (siehe indianischer Querbehang, S. 64) oder in gerader Form gestickt werden kann.

1 An der Spitze oder schmalsten Stelle einer auszufüllenden Fläche beginnen. Wenn diese eine deutliche Spitze hat, setzen Sie zuerst einen langen Stich von der Spitze aus nach unten (Abb. 6).

Wenn er als gerader Stich gearbeitet wird, den Faden an einer Außenkante ausstechen.

2 Die Stiche von einer Seite zur anderen arbeiten, dabei den Faden an der äußeren Linie ausstechen, bis die Fläche ausgefüllt ist. Man kann in das Motiv Linien einzeichnen, die einem das Plazieren der Stiche erleichtern (Abb. 7).

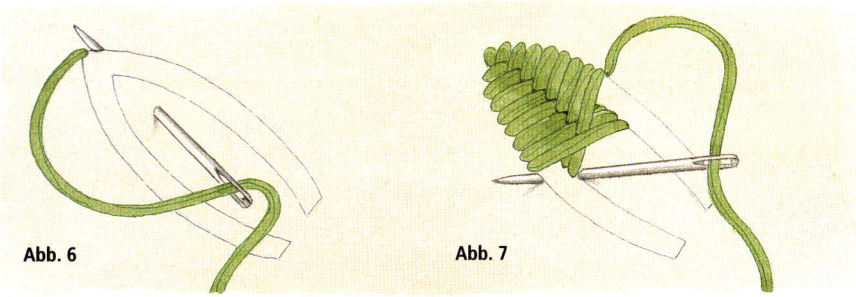

Abb. 6

Abb. 7

Kreterstich

Der Kreterstich kann unregelmäßig geschnittene Flächen ausfüllen oder in gerader Form gearbeitet werden.

1 An der Spitze oder schmalsten Stelle der Fläche beginnen. Wenn diese eine deutliche Spitze hat, einen langen Stich von Spitze aus nach unten ausführen. Wenn Stiche in gerader Linie kommen sollen, Faden wie in Abb. 8 und 9 führen.

2 Die Stiche einmal von der einen und einmal von der anderen Seite arbeiten, dabei den Faden von den Außenlinien zur Mitte führen. Mit dem Arbeitsfaden unter der Nadel jedesmal eine Schlinge bilden, um so das Zöpfchenmuster in der Mitte herzustellen. Abb. 10 zeigt die gerade Variante, während Abb. 11 das Füllen einer Blattform zeigt.

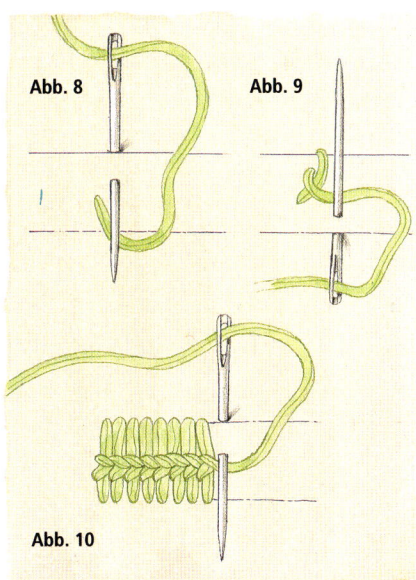

Abb. 8 Abb. 9

Abb. 10

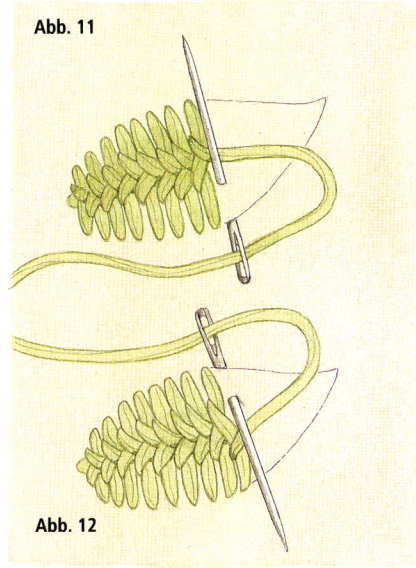

Abb. 11

Abb. 12

Kreuzstich

Der Kreuzstich ist der gegenwärtig wohl beliebteste Stickstich, der bei den meisten Stickarbeiten nach Zählvorlage verwendet wird. Die Kreuze sind alle von gleicher Größe und miteinander verbunden. Der Kreuzstich eignet sich aber auch für freie Stickereien.

Mit dem Kreuzstich werden oft Bilder gestickt, wobei man die Kreuze in »digitaler« Manier einsetzt, d.h. die Abbildungen entstehen aus vielen, gleich großen Einzelstichen, die auf gleichmäßig gewebtem Stoff stets zu einer Art Gittermuster angeordnet werden. Kreuzstichmuster werden oft auf Rasterpapier gedruckt, und das Stickbild wird erzeugt, indem man beim Arbeiten jeden Stich gemäß dem Zählmuster ausführt (Arbeiten nach Zählvorlage).

Beim Kreuzstich ist entscheidend, daß man sämtliche Deckstiche in dieselbe Richtung arbeitet. Tut man das nicht, sieht die Stickerei schlampig und unregelmäßig aus. Allerdings kann das Gegeneinanderlaufen der Deckstiche gerade bei symmetrischen Motiven die Arbeit sogar aufwerten.

Beim Kreuzstich gibt es zwei grundlegende Arbeitsweisen. Bei der ersten Methode (Abb. 1-3), wird jedes Kreuz komplett gestickt, ehe man mit dem nächsten beginnt. Bei der zweiten Methode (Abb. 4 und 5) werden zuerst sämtliche Grundstiche einer Reihe ausgeführt.

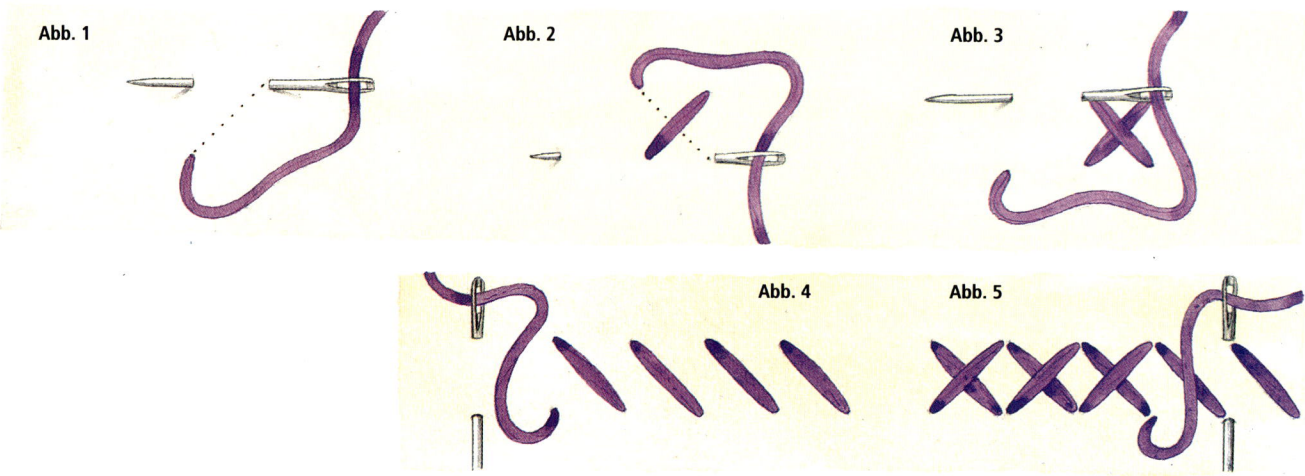

Abb. 1   Abb. 2   Abb. 3

Abb. 4   Abb. 5

Doppelter Kreuzstich

Dieser Stich, auch bekannt als Smyrna-Kreuzstich, besteht aus einem gewöhnlichen Kreuzstich (siehe oben), über den ein zweites Kreuz, aber in der Gegenrichtung, gestickt wird. Dieser Stich wird zumeist für Leinwandstickereien verwendet, wo alle Stiche notgedrungen die gleiche Länge haben, während bei der Kreuzstickerei die Länge des Deckstiches je nach Bedarf verändert werden kann. So kann ein kleiner Deckstich in einer Kontrastfarbe äußerst apart wirken (Abb. 6 und 7).

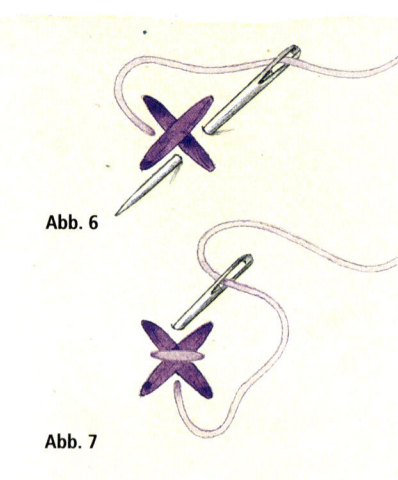

Abb. 6

Abb. 7

Überfangstich/Sparstich

Beim einfachen Überfangstich (Abb. 8) legt man einen Faden entlang der zu bestickenden Linie vor. Dieser Faden wird von einem zweiten Faden, möglicherweise in einer Kontrastfarbe, mit kleinen Überfangstichen festgehalten. Die Befestigungsstiche sollten in gleichmäßigen Abständen gearbeitet werden. Dieser Stich läßt sich sowohl für einzelne Linien, z.B. Blumenstiele, aber auch zur Flächenfüllung verwenden. Er wird oft bei Goldarbeiten eingesetzt, wo die Goldfäden nicht glatt aufliegen würden, wenn man sie durch den Grundstoff sticken würde.

Der Spar- oder Bucharastich unterscheidet sich von dem vorhergehenden Stich dadurch, daß er für die vorgespannten Stiche und die Überfangstiche denselben Faden benutzt. Über die auszufüllende Fläche wird ein langer Stich vorgespannt, der dann mit kleinen

Abb. 8   Abb. 9

(schrägen) Überfangstichen befestigt wird (Abb. 9). Richtig angeordnet erzeugen diese Deckstiche ein Muster auf der Stickfläche. Mit diesem Stich lassen sich Blatt- und Blütenblattformen sehr gut ausfüllen.

Wolkenstich

Mit ihm lassen sich große Flächen ausfüllen, und er kann bei Mustern, bei denen nur der Hintergrund bestickt wird, sehr nützlich sein. Beim Patchwork (S. 90) wird er als Linienstich benutzt, bei dem zwei Reihen mit senkrechten Stichen umschlungen werden.

1 Mehrere Reihen kleine Stiche in regelmäßigen Abständen arbeiten; die Stiche sind von Reihe zu Reihe versetzt.
2 Die Stiche mit einem zweiten Faden umschlingen. Dabei den Faden zuerst unter einen Stich in der oberen Reihe

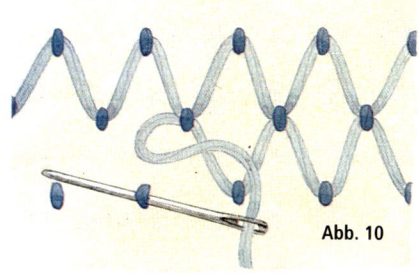

Abb. 10

legen und dann unter einen Stich in der Reihe darunter. So fortfahren, bis die Fläche ausgefüllt ist (Abb. 10).

Körnerstich

Der Körnerstich ist ein Füllstich, der sich aus einzelnen kleinen Rückstichen gleicher Länge zusammensetzt (Abb. 11). Diese werden gewöhnlich wie ausgestreutes Saatgut beliebig über eine bestimmte Fläche verteilt. Man kann sie aber auch zu zwanglosen Mustern anordnen. Diese kleinen Stiche tragen weniger dick auf als etwa Knötchenstiche, die auch oft verwendet werden, um einer Stickerei mehr Textur zu verleihen.

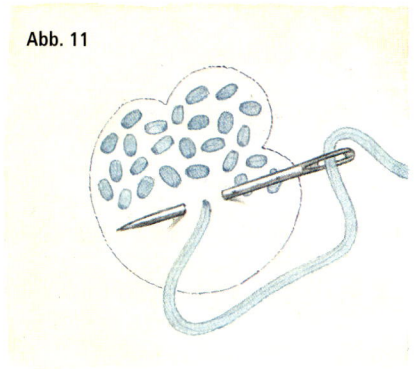

Abb. 11

Blau-weiße Tagesdecke

Die Kombination von Blau und Weiß strahlt einen zeitlosen Charme aus, und deshalb wurde dieses schöne Stück von Generation zu Generation weitergegeben. Da es wirklich benutzt und gewaschen wurde, verlor es an Farbe und bekam zugleich dieses gewinnende, verblichene Aussehen, das nur Alter und Gebrauch verleihen können. Die Stickerei ist von ziemlich grober Textur, was sich aber durchaus als Vorteil erwiesen hat, da das Garn mittlerweile zu einem guten Teil weiß geworden ist und so gut wie unsichtbar wäre, wenn es nicht so reliefartig gearbeitet wäre.

Die Tagesdecke besteht aus einem großen bestickten Mittelstück, um das sich 14 Quadrate mit dem gleichen Muster scharen. Alle Teile sind mit Streifen aus Häkelspitze verbunden. Jedes Quadrat ist gesäumt, und die Spitze wurde von Hand Kante auf Kante angenäht. Statt der Häkelarbeit kann man auch fertige Spitze verwenden – der Effekt ist der gleiche. Auf S. 100/101 finden Sie alternative Gestaltungsmöglichkeiten für die Tagesdecke.

Verwendete Stiche:
Plattstich (S. 50)
Stielstich (S. 25)
Bäumchenstich (S. 74)

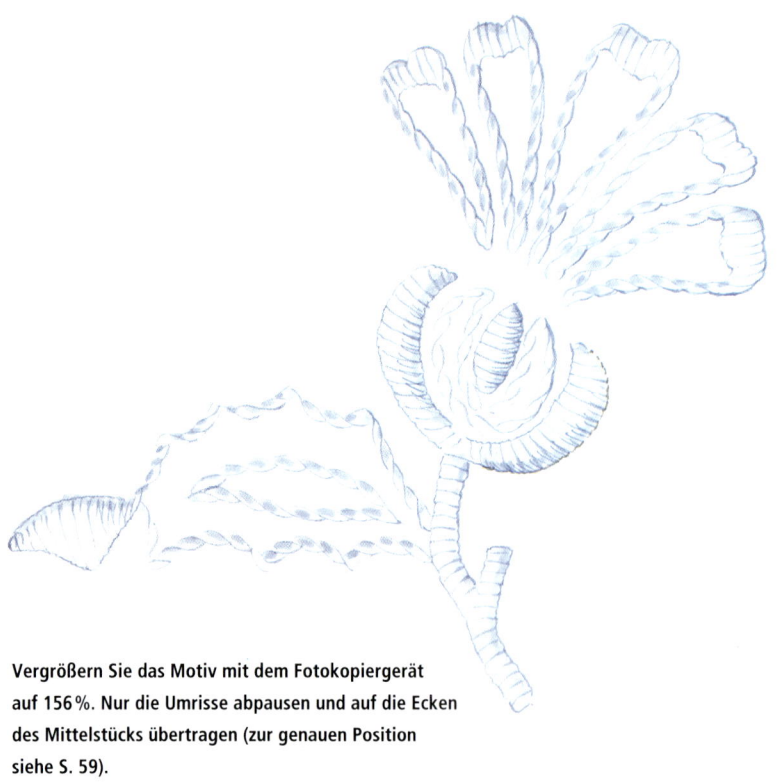

Vergrößern Sie das Motiv mit dem Fotokopiergerät auf 156 %. Nur die Umrisse abpausen und auf die Ecken des Mittelstücks übertragen (zur genauen Position siehe S. 59).

Material

Tagesdecke:
8 m Spitze, 7,5 cm breit als Einsatz
5 m Spitze in passender Breite für die
   Umrandung
Weißer Nähfaden
Stickerei:
Weißes Leinen 2,4 m x 1 m oder
   2,1 m x 1,4 m
Feine Sticknadel Nr. 2 oder 3
Perlgarn Nr. 3 (*Anchor* oder *DMC*)

**Vergrößern Sie das Motiv mit dem
Fotokopiergerät auf 156 %. Nur die Umrisse
abpausen und auf das Mittelstück übertragen.
Das kleine Motiv wird zu beiden Seiten des
Mittelstücks gestickt (zur genauen
Position siehe S. 59).**

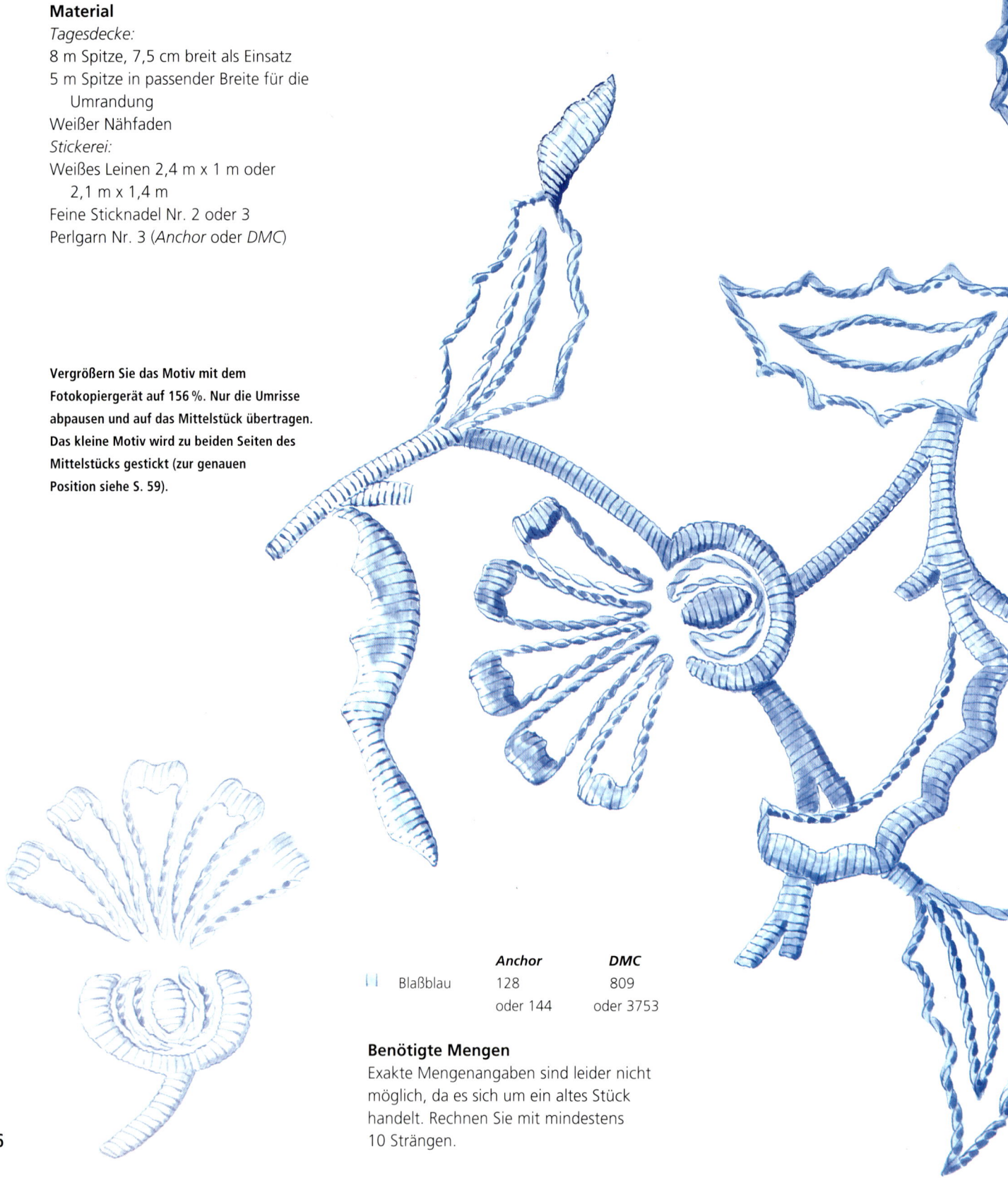

		Anchor	DMC
⊔⊔	Blaßblau	128	809
		oder 144	oder 3753

Benötigte Mengen
Exakte Mengenangaben sind leider nicht
möglich, da es sich um ein altes Stück
handelt. Rechnen Sie mit mindestens
10 Strängen.

Stoff vorbereiten

1 Ein 100 cm x 65 cm großes Stück Leintuch für den Mittelteil ausschneiden (mit der Längsseite aus der Breite des Tuchs).

2 14 Quadrate aus dem restlichen Stoff ausschneiden: an der schmaleren Seite des Stoffes drei in einer Reihe, an den breiteren Stellen vier in einer Reihe. Jedes Stück sollte 33 cm x 33 cm messen.

3 Die Motive auf dieser Doppelseite und auf S. 54 und S. 59 mit dem Fotokopiergerät auf 156% vergrößern. Das Muster mit Hilfe einer der auf den S. 16 und 17

erläuterten Methoden auf den Stoff übertragen. Die Motive mit Hilfe der Schemazeichnung auf S. 59 richtig plazieren.

Sticken

1 Die flächigen Partien der Blumenmotive in Plattstich und die Linien in Stielstich ausführen.

2 Jedes Quadrat mit einem Bäumchenstich-Rahmen in ca. 3 cm Abstand zur ungesäumten Kante abschließen.

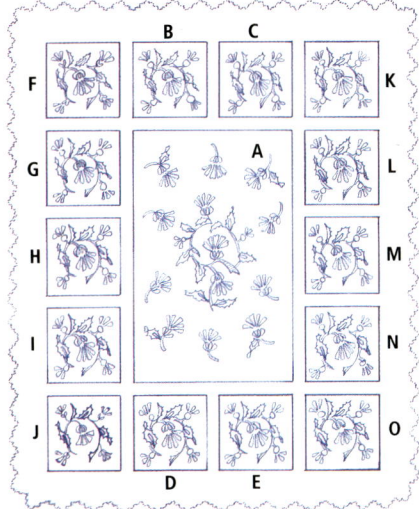

Diese Zeichnung zeigt Ihnen, wo die einzelnen Motive hingehören, sowie die Reihenfolge, in der die Felder von A bis O vernäht werden.

Fertigstellen

1 Jedes Quadrat so einsäumen, daß Stücke von 27 cm x 27 cm entstehen. Wenn mit der Maschine genäht wird, stickt man die Bäumchenstichumrandung direkt über die Maschinenstiche. Das Mittelstück ebenso säumen, so daß es schließlich 96 cm x 61,5 cm mißt.

2 Halten Sie sich beim Zusammennähen der Teile an die Schemazeichnung links. Beginnen Sie mit dem Mittelstück (A). Schneiden Sie zwei Stücke Spitzenband für die beiden kurzen Seiten des Rechtecks zu (Saumzugabe an beiden Enden!). Die Saumzugabe hängt von der Spitze ab: Schwere Spitze verlangt nach einem größeren Umschlag als feine Spitze. Die Enden einsäumen und mit der Maschine an das Mittelstück nähen.

3 Zwei Quadrate (B und C) mit der Spitze dazwischen zusammmennähen (siehe oben). Mit D und E wiederholen.

4 Diese zwei Teile ans obere und untere Ende des Mittelteils (A) setzen.

5 Ein Stück Spitzenband an jede Längsseite des Mittelstücks und der Quadrate nähen.

6 Fünf weitere Quadrate (F bis J) mit Spitze dazwischen zusammennähen (siehe oben). Mit den restlichen Quadraten (K bis O) ebenso verfahren.

7 Diese Stücke an beide Seiten des in Schritt 5 hergestellten Mittelteils nähen.

8 Restliche Spitze als Umrandung um die Decke nähen. An den Ecken raffen.

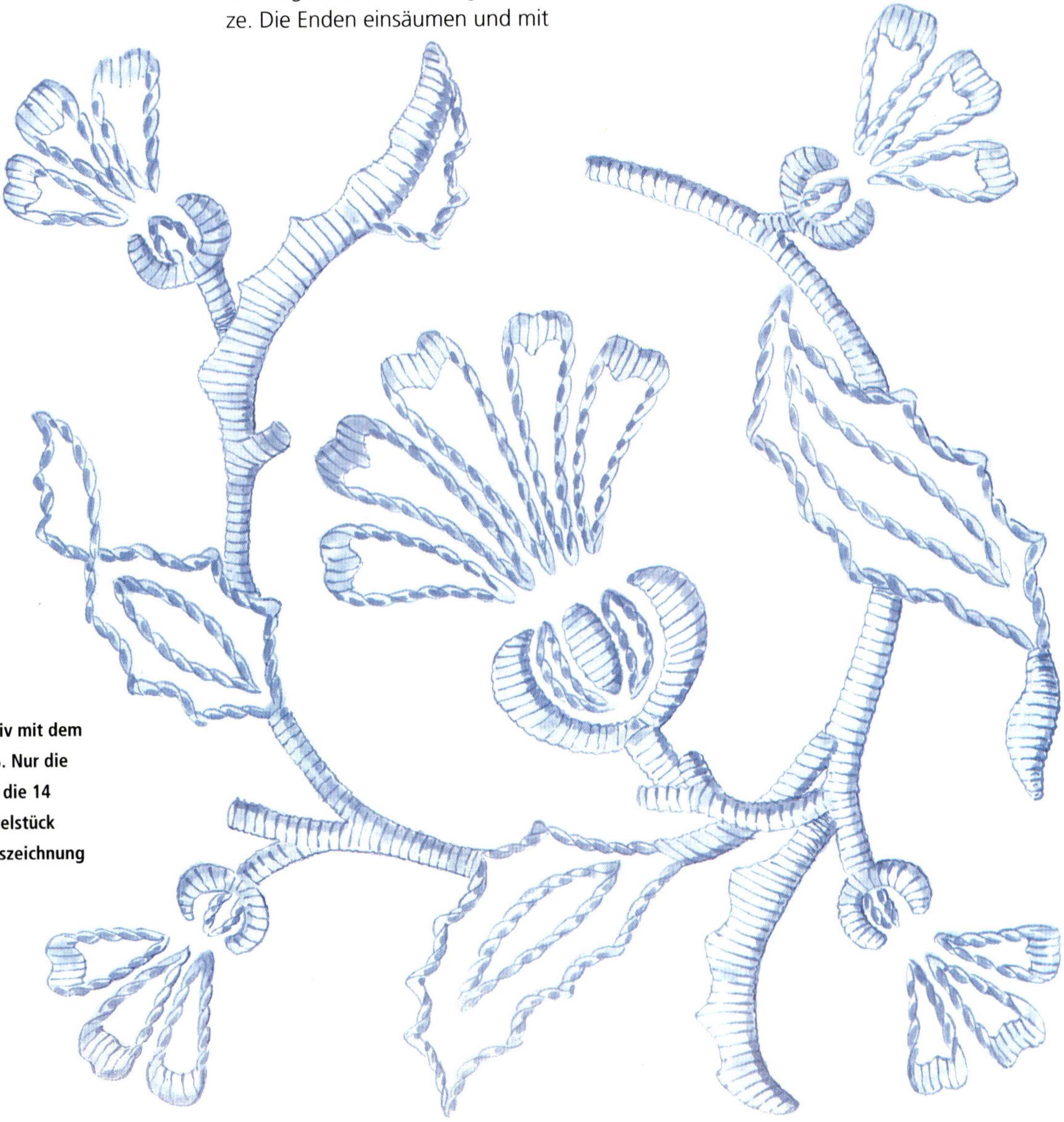

Vergrößern Sie dieses Motiv mit dem Fotokopiergerät auf 156 %. Nur die Umrisse abpausen und auf die 14 Stoffquadrate um das Mittelstück übertragen (siehe Positionszeichnung oben).

Teewärmer und Tischtuch mit Blumen

Verwendete Stiche:
Unterlegter Plattstich (S. 50)
Ineinandergreifender Plattstich (S. 50)
Stielstich (S. 25)
Margeritenstich (S. 75)
Körnerstich (S. 53)
Knötchenstich (S. 76)
Hohlsaum (S. 38)

Teewärmer haben vielleicht etwas Altmodisches – als Überbleibsel aus den Zeiten, da man in Häusern ohne Zentralheizung lebte und noch die Dienstmädchen die Wäsche machten –, aber als dekorative Accessoires für besondere Anlässe haben sie auch heute noch ihren Reiz. Und für Freunde der Stickerei ist dies eine kleine, leicht zu meisternde Handarbeit, die nach dem Sticken ganz unkompliziert zusammenzunähen ist. Unser bestickter Teewärmer wurde als abnehmbarer Überzug über der Wattierung entworfen, weil er dadurch leichter zu waschen ist.

Diese Stickerei verwendet hauptsächlich den Plattstich, daneben auch etwas Körner- und Margeritenstich und einige andere mehr. Die Zusammenstellung solch intensiver Gelb-, Rost-, Rosa- und Grüntöne – und dazu noch dieses unerwartete Blau – ergibt eine ausgesprochen starke Farbaussage, die einem schon beim ersten Blick ins Auge sticht. Beachten Sie auch die wohldurchdachten gegenläufigen Stichrichtungen, die durch die unterschiedliche Art, wie sie das Licht aufnehmen, wichtige Farbeffekte erzeugen.

Das gleiche Blumenmuster wurde für ein Tischtuch verwendet (gegenüberliegende Seite, ebenso S. 21, wo das Tuch eine Nackenrolle schmückt), aber es läßt sich auch für viele andere Handarbeiten verwenden.

Teewärmer

Material:

Teewärmer:
Seidenpapier für die Schablone
1 m x 1 m Baumwoll- oder Leinenstoff
Nähfaden
Zwei Stücke schwere Wattierung, je
    42 cm x 29 cm
Stickerei:
Zwei Stücke feines, gleichmäßig gewebtes Leinen, je 45 cm x 32 cm
Feine Sticknadel Nr. 7
Sticktwist in den in der Tabelle auf S. 63 angegebenen Farben (*Anchor* oder *DMC*)

Sticken

1 Die auf dieser und auf S. 63 gezeigten Motive sind für die Vorder- und Rückseite des Teewärmers gedacht. Auf dem Fotokopiergerät auf 116 % vergrößern und nach einer der auf den S. 16/17 gezeigten Methoden auf den Leinenstoff übertragen. Farben für den Sticktwist siehe Tabelle S. 63.

2 Stickerei in der Mitte beginnen, zunächst die großen Blumen ausführen und dann nach außen arbeiten. Auf dem Foto sehen Sie, wieviel Wert auf unterschiedliche Stickrichtungen bei

Verwenden Sie dieses Motiv für die Rückseite des Teewärmers. Vergrößern Sie es mit dem Fotokopierer auf 116 %. Nur die Umrisse abpausen und auf den Stoff übertragen.

Plattstich und unterlegtem Plattstich gelegt wurde. Ohne sie ist die Farbwirkung nicht die gleiche. Die Stiele, Blattadern und Staubgefäße mit Stielstichen, einige der Blütenzentren mit Knötchenstichen und die Mitte der großen blau-weißen Blume mit Körnerstich arbeiten.

Fertigstellen

1 Stellen Sie eine Seidenpapierschablone von der Form des fertigen Teewärmers her; in unserem Fall beträgt die Breite 42 cm, bei einer Höhe von 29 cm. Diese zwei Maße auf das Seidenpapier aufzeichnen und die Kurve freihand zeichnen; dabei oben in der Mitte beginnen (Abb. 1). Wenn eine Hälfte zu Ihrer Zufriedenheit ausgefallen ist, schneiden Sie sie aus und falten Sie das Papier um, so daß Sie mit dem Umriß die zweite Hälfte anzeichnen können.
2 Die Schablone auf die bestickten Leinenstücke legen; dabei darauf achten, daß die Motive richtig plaziert sind, und

Stoff ausschneiden. Mit derselben Schablone vier Futterstücke ausschneiden, dann zwei passende Stücke Wattierung.
3 Die beiden bestickten Stücke rechts auf rechts mit einer Nahtzugabe von 1,5 cm mit der Maschine zusammennähen. Mit den zweimal zwei Stücken Futterstoff wiederholen, aber diesmal mit einer Nahtzugabe von je 2 cm. Bügeln.
4 Eines der fertigen Futterstücke auf rechts wenden und das andere hineingeben. Die zwei Wattierungsstücke zwischen die zwei Lagen Futter schieben. Die unteren Kanten beider Futterstücke umschlagen und mit der Hand zusammennähen. Ein paar Absteppstiche quer durch Futter und Wattierung arbeiten. Jede Stelle einige Male übernähen und Faden vernähen. Fäden nicht von einer Stelle zur anderen führen.
5 Die Kante des bestickten Überzugs mit einem Hohlsaum (S. 38) oder einem einfachen Saum abschließen. Über die Wattierung stülpen.

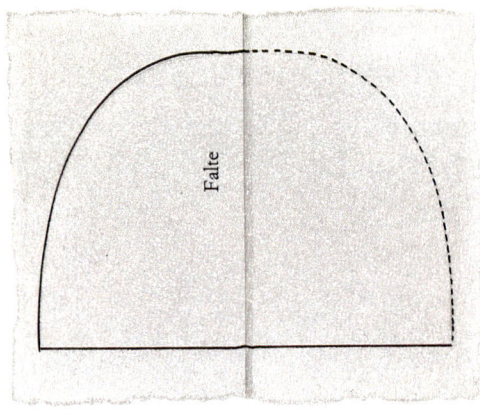

Abb. 1

Tischdecke

1 Wenn Sie das Muster für ein Tischtuch verwenden wollen, sollten Sie vorher überlegen, wo Sie die einzelnen Motive anbringen wollen (siehe S. 16). Die Tischdecke kann ruhig fertig gekauft sein. Unten finden Sie ein zusätzliches

Motiv, das in Gold in die Ecken des Tischtuchs gestickt wird.
2 Die Stickerei wie beim Teewärmer ausführen. Das Motiv in Gold wird in Plattstich und Stielstich ausgeführt.

Dieses Motiv für die Ecken des Tischtuchs ist in Originalgröße abgebildet. Nur die Umrisse abpausen und auf den Stoff übertragen.

Benötigte Mengen

Für den Teewärmer dürfte ein Strang von jeder Farbe ausreichen. Für das Tischtuch benötigen Sie möglicherweise mehr, je nachdem, wieviele Motive Sie sticken möchten.

Wichtig: Durchwegs drei Fäden in der Nadel verwenden, bis auf Stiele und Blattumrisse, für die nur zwei Fäden verwendet werden.

		Anchor	DMC			Anchor	DMC
	Blaßblau	130	809		Rost	1049	921
	Mittelblau	145	799		Dunkelrost	339	919
	Aquamarin	185	747		Pilzbraun	832	841
	Blaßmalve	85	3609		Mittelgrün	240	470
	Malve	86	3608		Blattgrün	225	989
	Blaßrosa	74	3689		Dunkles Olivgrün	281	581
	Mittelrosa	25	604		Gelb	288	445
	Dunkleres Rosa	76	962		Gold	306	743
	Magenta	88	3607		Weiß	2	blanc neige

Verwenden Sie dieses Motiv für die Vorderseite des Teewärmers. Mit dem Fotokopiergerät auf 116 % vergrößern, nur die Umrisse abpausen und dann auf den Stoff übertragen.

63

Indianischer Querbehang

Das Muster für diesen Querbehang wurde direkt von einer indianischen Tagesdecke übernommen, die wahrscheinlich eine Braut bestickte, um ihren Zukünftigen mit ihren Fähigkeiten zu beeindrucken. Diese Tagesdecke ist aber ganz und gar in Plattstich ausgeführt, was vermuten läßt, daß es mit der Fingerfertigkeit der Dame doch nicht so weit her war. Aber die verwendeten Farben sind wirklich aufregend, und das Muster wirkt sehr lebendig und schön.

In der westlichen Sticktradition werden seit jeher neutrale Hintergründe bevorzugt. Hier jedoch wurde Drillich als Grundstoff für den Querbehang verwendet, um zu zeigen, daß sich eine mutige Stickerei auf gemustertem Hintergrund pudelwohl fühlen kann. Beim Kauf des Drillichs sollten Sie zu der benötigten Länge noch 20 Prozent hinzurechnen, so daß sich der Querbehang etwas raffen läßt. Er sollte mindestens 25 cm breit sein.

Verwendete Stiche:
Federstich (S. 51)
Stielstich (S. 25)
Rückstich (S. 24)
Spannstich (S. 75)

Material

Querbehang:
Vorhang-Kräuselband, gleiche Länge
 wie fertige Arbeit
Weißer Nähfaden
Klammerhefter oder Klettband
Stickerei:
Leichter Drillich in benötigter Größe
 (siehe oben)
Feine Sticknadel Nr. 5
Rundrahmen
Sticktwist in den in der Tabelle angege-
 benen Farben (siehe S. 67)

Sticken

1 Das Muster auf S. 66/67 mit dem Fotokopiergerät auf 112 % vergrößern. Abpausen und auf den Stoff übertragen (Methode 2 oder 3 auf S. 16/17).
2 Stickerei an einem Ende des Stoffes beginnen und Stoff der Breite nach, Motiv für Motiv, besticken. Blüten, Stiele, und jadefarbene Blätter zuerst ausführen, dann die restlichen Motive sticken. Federstich für die geschlossenen Flächen, Stielstich für die Stiele und Rückstich für die schmalen Begren-

Unten finden Sie zwei alternative Farbvorschläge für das Querbehang-Motiv. Die Musterwiederholung mit dem Fotokopiergerät auf 112 % vergrößern und im unten angezeigten Abstand anschließen lassen. Nur Umrisse abpausen und auf den Stoff übertragen, Muster je nach Bedarf wiederholen.

zungslinien verwenden. Jedem der Dreiecke an der unteren Kante werden drei Spannstiche aufgesetzt. Für den Federstich empfiehlt sich ein Rundrahmen, vor allem für die umfangreicheren Motive, da sich der Stoff sonst leicht verzieht.

Fertigstellen

1 Stoff 5,5 cm über der oberen Rückstichlinie umfalten und bügeln. Kräuselband entlang dieser Faltkante auf der Rückseite der Stickerei feststecken und anheften. Obere und untere Kante des Kräuselbands mit der Maschine feststeppen.

2 Die untere Kante des Querbehangs von Hand oder mit der Maschine 5,5 cm unterhalb der unteren Rückstichlinie säumen.

3 Kräuselfaden anziehen, bis die Stickerei die gewünschte Länge hat.

4 Den Querbehang mit Heftklammern oder auf sonstige Art an gewünschter Stelle befestigen.

Benötigte Mengen

Genaue Angaben über die benötigten Garnmenge sind schwierig, da sie davon abhängt, wie eng Sie die Stiche arbeiten und welche Farben Sie wählen. Jede große Blüte verbraucht ca. 6 m Garn, der eingerollte Stiel ca. 1,5 m je Motiv, und die jadegrünen Blätter brauchen 4 m je Motiv. Am besten stickt man die Blüten, Stiele und jadegrünen Blätter zuerst und nimmt dann die übriggebliebenen Farben zum Ausfüllen.

Wichtig: Durchwegs mit sämtlichen sechs Garnfäden in der Nadel sticken, bis auf die Stielstich-Stiele und die kleinen, hellgrünen Blätter, für die nur drei Fäden verwendet werden.

		Anchor	DMC
	Tiefviolett	119	333
	Weinrot	70	3685
	Hellrot	47	321
	Rosa	75	962
	Hellblau	144	800
	Königsblau	143	797
	Hellgrün	238	702
	Jadegrün	18	943
	Gelb	293	727

Kreuzstich-Vorhang

Diese reizende Arbeit wurde auf einem Antiquitätenmarkt in Massachusetts, USA, gefunden; über ihre Herkunft wissen wir leider nichts. Ursprünglich handelte es sich bei der Arbeit um eine Tischdecke, aber da sie an den Stoffkanten erst so richtig interessant wird, kommt sie als Vorhang besser zur Geltung.

Der Entwurf besteht aus wiederholten Mustern in einer kleinen Farbpalette. Diese Farben sind alles andere als raffiniert, ebensowenig wie die Anordnung der Stiche, aber beides ergibt ein frisches und ansprechendes Bild. Die Arbeit ließe sich gut mit den Resten und Restchen herstellen, die jede(r) Sticker(in) im Handarbeitskorb hat, oder aber sie wird bewußt so gestaltet, daß sie in ein bestimmtes Farbschema paßt. Das Wichtigste ist jedenfalls, daß man für die Blätter, die ja das ganze Muster zusammenhalten, nur eine Farbe nimmt und die Blüten jeweils in stark kontrastierenden Farben stickt. Diese Blüten wurden offenbar alle nach dem gleichen Zählmuster gestickt, aber es haben sich »Fehler« eingeschlichen, die einigen Blüten ein abweichendes Aussehen geben. Das macht die Arbeit aber um so interessanter.

Verwendete Stiche:
Kreuzstich, über drei Gewebefäden gearbeitet (S. 52)
Hohlsaum und Wickelhohlsaum (S. 38/39)

	Anchor	DMC
Grün	238	702
Violett	92	553
Orange	316	741
Gelb	306	743
Entenei-Blau	1039	519
Preußisch Blau	169	806
Dunkelblau	139	797
Purpur	52	962
Leuchtendes Rosa	799	304

Benötigte Menge

Ein Strang von jeder Farbe reicht für ca. vier komplette Blüten und 15 Blattwiederholungen.

Wichtig: Durchwegs drei Fäden in der Nadel verwenden.

Material

Gleichmäßig gewebtes Leinen (ca. 144 Fäden/10 cm), ringsum 15 cm größer als die benötigte Vorhanggröße
Zum Stoff passender Nähfaden
Feine Sticknadel Nr. 8
Sticktwist in den in der Tabelle angegebenen Farben

Sticken

1 Die Stickerei wird nach dem unten angegebenen Zählmuster angefertigt. Bei den meisten Arbeiten nach Zählvorlage muß man das Muster genauestens ausmessen, damit es auf den Stoff paßt; hier ist das überflüssig, da es sich um kleine Musterwiederholungen handelt.

2 Die Kreuzstichbordüre in ca. 9 cm Abstand von der ungesäumten Stoffkante sticken. In einer Ecke beginnen und durchgehend bis zur nächsten Ecke arbeiten. Dann das Muster, so wie es sich gerade ergibt, um die Ecke führen – bei dieser Arbeit kommt es nicht darauf an, daß die Ecken gleichförmig umstickt sind. Unten sehen Sie zwei mögliche Gestaltungsweisen.

Fertigstellen

1 Der Vorhang wird abgeschlossen mit einem Stäbchenhohlsaum, der auf beiden Seiten von je einer Reihe Wickelhohlsaum eingerahmt wird. Zunächst einen 3,5 cm breiten Saum umschlagen und mit einer Reihe Saumstichen befestigen. Dann die Reihe mit Hohlstichen darübersetzen, mit einer weiteren Reihe umstochenen Hohlstichen abschließen.

2 Den Vorhang mit zwei Haken, die zu beiden Seiten des Fensters angebracht wurden, aufhängen. Unteren Teil hochstecken und in der Mitte des Vorhangs annähen. Nahtstelle mit einem Knopf kaschieren.

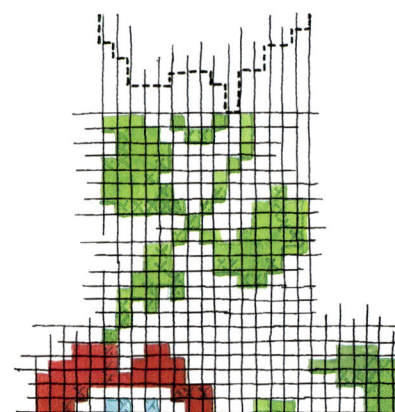

Taschentuchetui

Taschentuchetuis gehören heutzutage nicht mehr zu den unbedingt lebensnotwendigen Dingen, aber der altmodische Charme und die überraschend kräftige Farbigkeit unseres Exemplars sprechen doch die meisten Stickfreunde an. Seine Schlichtheit ist nur gespielt, denn der Aufbau des Musters ist recht raffiniert und macht sich die Tanzsparenz des Gewebes zunutze.

Als Stiche für die Blumen wurden nur solche gewählt, bei denen nirgends Fäden über die Rückseite geführt werden müssen, die durch den Stoff hindurch sichtbar wären. Für Saum und Einfassung wurde eng gearbeiteter Knopflochstich verwendet, wodurch ein Umschlagen des Stoffes, das das leichte Gesamtbild zerstört hätte, überflüssig wird. Schließlich werden noch die Kanten der Vorderseite mit einem symmetrischen Wellenmuster festoniert, das die Ecken weicher verlaufen läßt, als dies bei den gängigeren Kanteneinfassungen von Festonarbeiten der Fall ist.

Verwendete Stiche:
Knopflochstich (S. 36)
Plattstich (S. 50)
Stielstich (S. 25)

		Anchor	DMC
☐	Gelb	300	745
☐	Orange	303	742
☐	Dunkles Korallenrot	9	352
☐	Malve	95	554
☐	Blau	136	799
☐	Blaßblau	975	828
☐	Grün	205	912
☐	Blaßgrün	219	564
	Knopflochstich-Einfassung		
☐	Pfauenblau	1039	807

Benötigte Menge

Ein Strang von jeder Farbe.
Wichtig: Durchwegs mit drei Fäden in der Nadel sticken, mit Ausnahme der Stielstichlinie, für die 4 Fäden gebraucht werden.

Material

Ca. 30 cm x 60 cm blaßgrüner Organza
Sprühstärke
Pappkarton
Rundrahmen
Feine Sticknadel Nr. 7
Sticktwist in den in der Tabelle (links) angegebenen Farben

Stoff vorbereiten

1 Stoff bügeln, mit reichlich Sprühstärke in Form halten.
2 Stoff auf Pappe feststecken, so daß er nicht verrutscht, während Sie das Muster übertragen.
3 Das Muster mit einem Fotokopiergerät auf 178% vergrößern. Nach Methode 3 (siehe S. 16/17) übertragen und dabei die Markierungen A ignorieren. Das Muster so plazieren, daß genügend Stoff für die Tasche bleibt, nachdem die Stickerei auf der Vorderseite der Klappe komplett ausgeführt wurde (siehe Fertigstellen, 1).

Sticken

Für diese Arbeit empfiehlt sich ein Rundrahmen, da der Stoff so dünn ist, daß er sehr schnell Falten wirft. Wichtig ist vor allem, daß man Anfang und Ende eines jeden Fadens sauber vernäht.
1 Zuerst die Blumen in Knopflochstich und Plattstich arbeiten (als Arbeitshilfe siehe Foto rechts).
2 Restliches Muster, einschließlich Blätter, in Plattstich sticken.
3 Die Stielstichlinie ausführen, die alle ungleichmäßigen Blattenden überdeckt.
4 Die wellenförmige Kante auf der Klappenvorderseite sticken, aber Stoff noch nicht abschneiden.

Fertigstellen

1 Durch die mit A markierten Punkte ein Rechteck zeichnen (ca. 38 cm lang und 19 cm breit) – die Breite richtet sich danach, wo die Wellenstickerei angebracht wurde. Dieses Rechteck um 16 cm umfalten, um die Tasche zu bilden.
2 Oberes Ende der Tasche mit Knopflochstich einfassen.
3 Die Kanten der Tasche heften und mit Knopflochstichen zusammennähen.
4 Den Stoff an sämtlichen mit Knopflochstich ausgearbeiteten Kanten abschneiden.

Zierstickereien

Zierstiche können zur einfachen, aber auch aufwendigen Verzierung und Ausschmückung von Stoffen dienen. Dieses Kapitel befaßt sich mit dem Muschelkissen auf S. 78 mit einer recht zurückhaltenden Form der Verzierung – einfarbig, mit nur einer Stichart –, aber auch mit dem anderen Extrem, dem Überschwang des Crazy Patchwork auf S. 90, auf dem sich vielerlei Stiche und Farben begegnen, um eine ohnehin schon dekorative Arbeit noch zusätzlich zu schmücken. Beim Crazy Patchwork darf man jede Gelegenheit nutzen, um seine Sticktechniken zur Schau zu stellen, einschließlich Andenken, Jahreszahlen und Namen, indem man zwischen die unregelmäßigen Formen der Flicken immer neue, ausgefallenere Stiche setzt. Irgendwo zwischen diesen beiden Polen liegt das Dessin des Käferkis-

sens auf S. 82, wo die Stiche gleichermaßen verwendet werden, die Käfer abzubilden und zu verzieren. Der gewitzte Einsatz der Stickerei auf den bereits gemusterten Körpern der Käfer zeugt von einem herrlich freien und kreativen Stickstil.

Zierstiche

Nun, da die Grundtechniken gemeistert sind, darf man sich austoben und endlose Kombinationen kreieren – Spannstiche mit Knötchenstichen, umschlungene und abgestufte Stiche, ineinandergeschlungene Stiche –, damit eine Stickerei zum wahrhaft individuellen Ausdruck der eigenen Schöpferkraft wird. Linienstiche wie Bäumchen-, Kreter- und Vorstiche können mit Einzelstichen wie Knötchen-, Margeriten- und Spannstich verziert werden. Das Wort »Zierstiche« ließe sich auf so gut wie alle Stickstiche anwenden, denn sie alle dienen gewöhnlich der Verzierung. Deshalb sind einige Stiche in diesem Kapitel lediglich Spielarten bereits behandelter Stiche wie dem Knopfloch- und Kreterstich. An ihnen wird gezeigt, wie sich Stiche durch leichte Abwandlungen zu effektvollen Zierstichen machen lassen. Spätestens hier, beim Thema Zierstiche, wird jeder abenteuerlustigen Stickerin das Herz höher schlagen.

Bäumchenstich und doppelter Bäumchenstich

Der Bäumchenstich ist von der Form her ein Linienstich, der vielseitig verwendbar ist, u.a. für die Verzierung von Säumen und Bordüren, um Sträußchen von federigem Blattwerk nachzuahmen und um Nähte auf Crazy- Patchwork-Arbeiten zu kaschieren.

1 Die Nadel im Punkt (a) ausstechen. Faden mit dem linken Daumen festhalten und Nadel bei (b) einstechen und einen kleinen Stich zur Mitte (c) führen, wobei der Arbeitsfaden unter die Nadelspitze gelegt wird (Abb. 1).

2 Die Nadel wieder bei (d) einstechen und einen kleinen Stich nach unten zur Mitte hin ausführen, wie in 1. Stiche abwechselnd rechts und links von der Linie arbeiten.

Beim doppelten Bäumchenstich (Abb. 2) werden zwei Stiche abwechselnd rechts und links von der Linie gestickt.

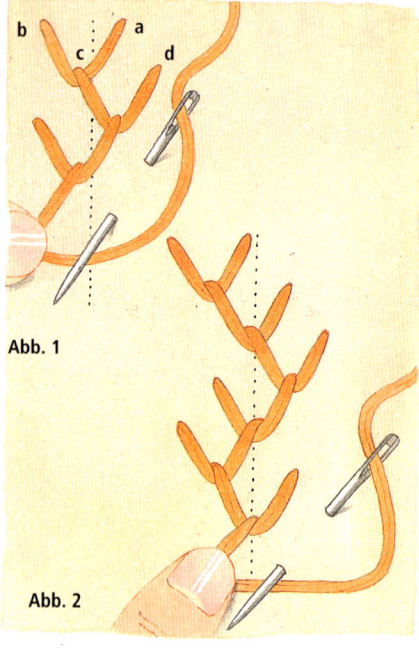

Abb. 1

Abb. 2

Offener Kreterstich

Hier haben wir einen Linienstich vor uns, der zwischen zwei (gedachte) waagrechte Hilfslinien gestickt wird. Dicht gearbeitet ist er ein ausgezeichneter Füllstich, der eine Art Zöpfchenstruktur erzeugt (siehe Kreterstich, S. 51).

1 Nadel im Punkt (a) ausstechen und bei Punkt (b) wieder einstechen.

2 Bei (c) wieder ausstechen und über den ersten langen Stich führen. Bei (d) wieder einstechen, bei (e) ausstechen (Abb. 3). Zwischen Hilfslinien wiederholen; eine Art Zickzack-Band entsteht (Abb. 4).

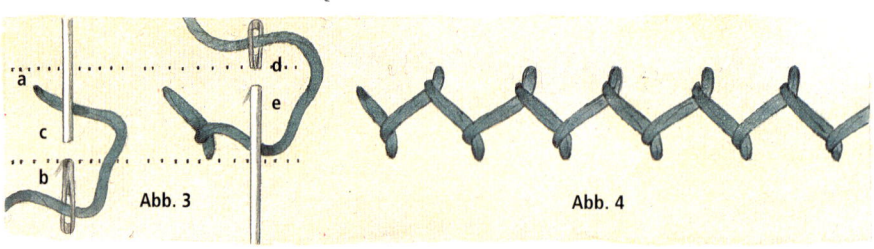

Abb. 3

Abb. 4

Spannstich

Der manchmal auch als »einfacher Platt-stich« bezeichnete Spannstich ist nichts anderes als ein gerader Stich. Mit ihm las-sen sich Sterne sticken (Abb. 5), Fächer (Abb. 6), Quadrate (Abb. 7) oder gerade Linien, oder aber kleine Details wie Fühler und Füße beim Käferkissen (siehe S. 82).

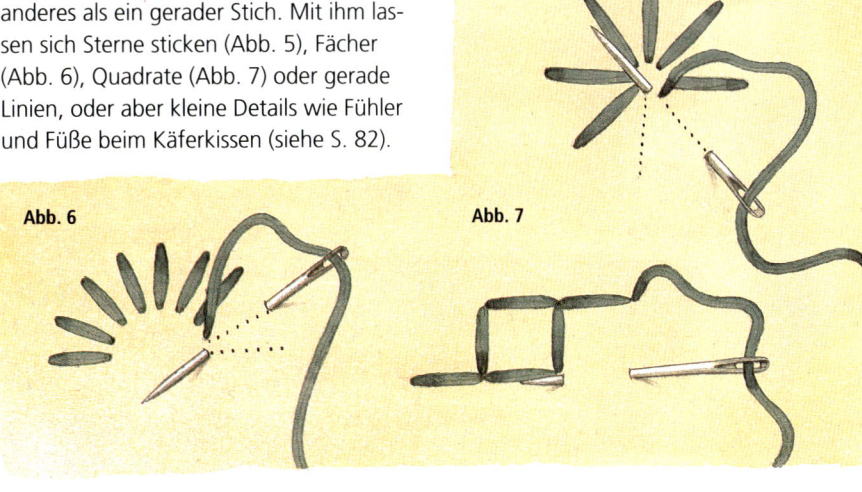

Margeritenstich

Auch als einzelner Kettenstich bekannt. Er ist vom Kettenstich abgeleitet, wobei hier jeder Stich für sich steht und am Schlingenende mit einem kleinen Über-fangstich befestigt wird (Abb. 8 und 9). Dieser Stich kann einzeln gearbeitet oder so angeordnet werden, daß er Blütenblätter formt.

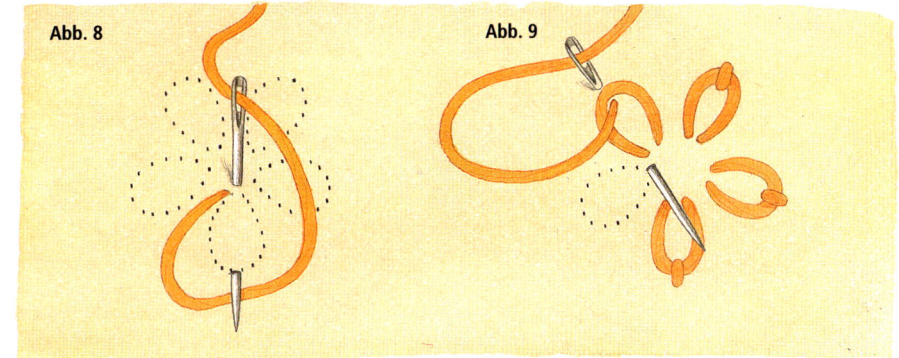

Offener Fangstich

Dieser vielseitige Stich wird ähnlich gear-beitet wie der Margeritenstich, nur daß hier die Schlingen offen sind. Offene Fangstiche lassen sich einzelnstehend, in Reihen (Abb. 10) oder senkrecht anord-nen (Abb. 11).

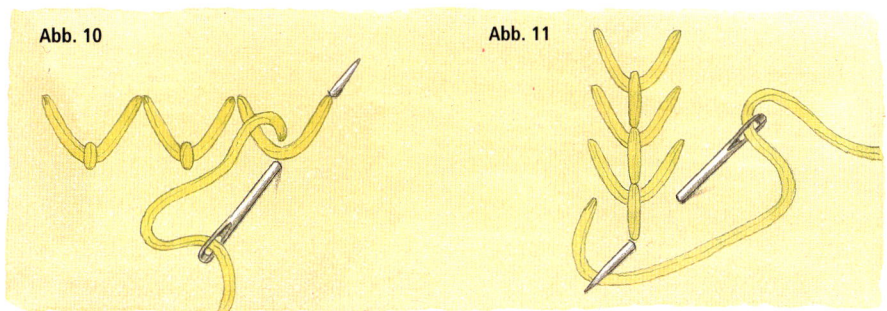

Hexenstich

Dieser Stich wird in Reihen gearbeitet und eignet sich besonders für Borten und zum Übersticken von Nähten beim Zusammennähen zweier Stoffstücke. Zur Flächenfüllung kann er ganz dicht oder mit großen Abständen gestickt werden. Und er läßt sich flott arbeiten. Er besteht aus schrägen Stichen, die sich abwechselnd auf der oberen und unteren Linie überkreuzen. Am besten kommt er zur Geltung, wenn die Winkel der Stiche und die Abstände durchgehend gleich sind.

1 An der unteren Hilfslinie beginnen und die Nadel nach oben ausstechen. Nadel oben, etwas rechts neben dem Stich einstechen und einen kleinen Stich nach links arbeiten (Abb. 1).

2 Die Nadel etwas nach rechts an der unteren Hilfslinie einstechen und einen kleinen Stich nach links führen (Abb. 2).

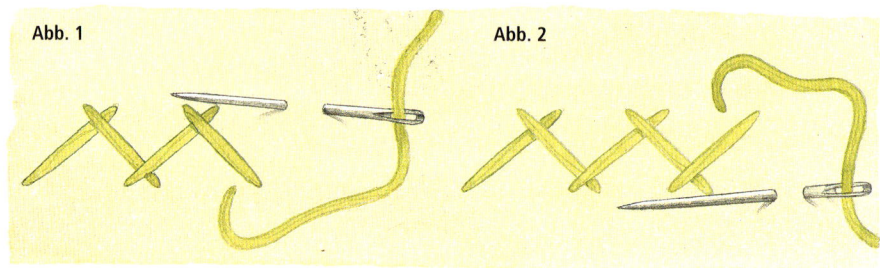

Abb. 1   Abb. 2

Knötchenstich

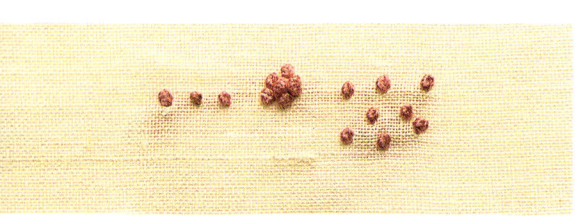

Sie können als Blickfang in der Mitte von Blüten dienen, besonders wenn man sie in einer Kontrastfarbe stickt. Sie bilden kleine Tupfen, die eine Form betonen können, und wenn man sie über eine gestickte Fläche verstreut, läßt sich mit ihnen eine harte Kante oder strenge Linie optisch aufweichen. Man kann sie in so dichten Haufen sticken, daß sie eine durchgehende Fläche bilden; in Abständen gestickt ergeben sie einen Tupfen-Effekt.

1 An der Stelle ausstechen, wo das Knötchen sitzen soll.

2 Die Nadel zeigt von Ihnen weg und liegt flach auf dem Stoff auf. Faden zu einer einfachen oder doppelten Schlinge legen, je nachdem wie dick der Knoten sein soll (Abb. 3).

3 Nadel herumdrehen (siehe Pfeil in Abb. 4) und an der ursprünglichen Ausstichstelle wieder einstechen. Faden dabei mit Daumen und Zeigefinger der linken Hand festhalten (Abb. 4).

4 Faden kräftig durchziehen, der Knoten bleibt oben zurück.

Wenn der Faden verschwindet, ohne daß ein Knoten entstanden ist, haben Sie den Faden in 2 falsch herum um die Nadel geschlungen.

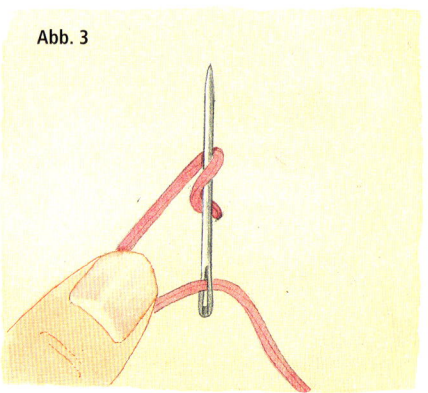

Abb. 3

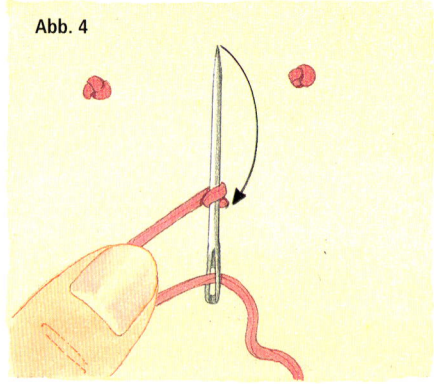

Abb. 4

Zackenstich und doppelter Zackenstich

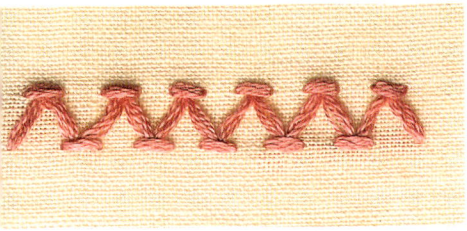

Ein Linienstich, den es auch in doppelter Ausführung gibt, bei der die erste Reihe mit einer zweiten, andersfarbigen übersticht wird, die die Zwischenräume der ersten Reihe ausfüllt (siehe Crazy Patchwork, S. 90–93).

1 An der unteren Hilfslinie links ausstechen und entlang der waagerechten Linie einstechen und in der Mitte dieses Stiches wieder ausstechen.

2 Die Nadel leicht nach rechts oben versetzt in die obere Linie einstechen und

einen kleinen Stich nach links führen (Abb. 5). Auf der waagerechten Linie einen Stich nach rechts arbeiten und auf halber Länge des Stichs wieder ausstechen (Abb. 5). Arbeitsvorgänge wiederholen, die horizontalen Stiche für den Zickzack-Effekt abwechselnd zwischen oberer und unterer Linie arbeiten.

Beim doppelten Zackenstich wird auf genau die gleiche Weise eine Zackenstichreihe in die Zwischenräume der ersten Reihe gestickt (Abb. 7).

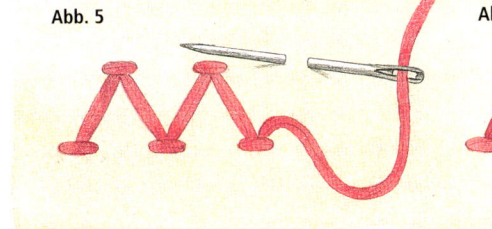

Abb. 5

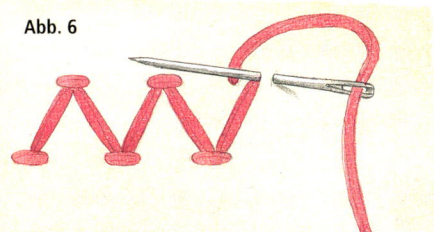

Abb. 6

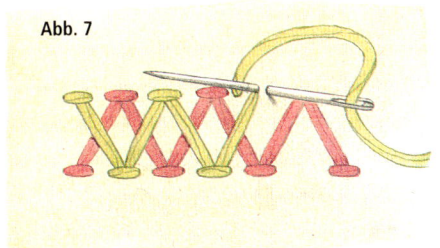

Abb. 7

Geschlossener Knopflochstich

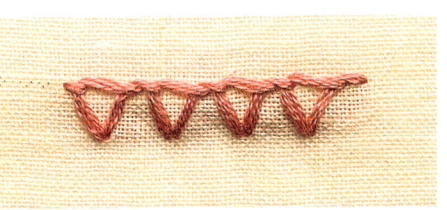

Dieser Stich (den man eigentlich als geschlossenen Schlingstich bezeichnen müßte) ist eine simple Abwandlung des Schlingstiches, bei der die Stiche zu kleinen Dreiecken angeordnet werden. Damit macht der einfache Schlingstich sofort mehr her.

1 Wie beim Schlingstich beginnen (siehe S. 36) und knapp an der der Stoffkante ausstechen. Auf gleichmäßige Fadenspannung achten.

2 Wie beim Schlingstich fortfahren,

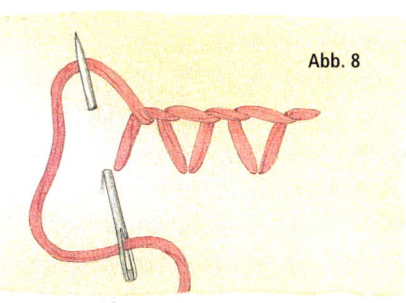

Abb. 8

dabei den ersten Stich schräg nach rechts führen, den darauffolgenden in die entgegengesetzte Richtung (Abb. 8).

Abgestufter Knopflochstich

Schling- oder Knopflochstiche kann man auch dadurch »veredeln«, daß man die Stiche so abstuft, daß sie entlang der

Sticklinie verschiedene dekorative Motive, wie etwa Wellen, Dreiecke (Abb. 9), Bogenränder (Abb. 10) oder Stufen bilden.

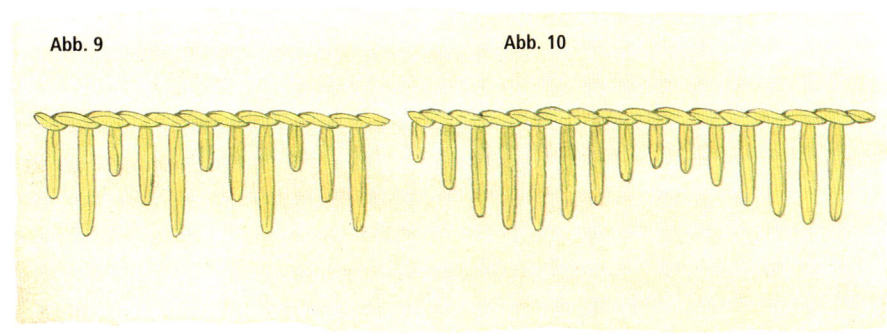

Abb. 9   Abb. 10

Schneckenhaus-
und Muschelkissen

Verwendete Stiche:
Knötchenstich (S. 76)
Rückstich (S. 24)

Arbeiten mit weißem Faden auf weißem Gewebe werden gewöhnlich der »Weißstickerei« zugerechnet. Wenn die Farbe fehlt, bekommt die Oberflächenstruktur des Garns und der Stiche bzw. der Kombination von beiden eine ganz neue Bedeutung, denn nun beruht der optische Reiz der Stickerei einzig auf ihrem Profil. Deshalb werden bei der Weißstickerei oft Festonränder und Muster mit Hohlstichen oder zusammengezogenen Fäden verwendet.

Für dieses Kissen wurden Knötchen- und Rückstich ausgewählt, da der eine von Natur aus für reichlich Struktur sorgt und der andere schön kräftig aufträgt, wenn er mit dickem, weichem Baumwollgarn gestickt wird. Bei einem der Kissen wird auf blauem Hintergrund gestickt, was die dramatische Wirkung der Stickerei erhöht. Der Hintergrund wird mit Knötchen ausgefüllt, so daß das Schneckenhausmuster von den Leerräumen dazwischen gebildet wird. Beim Knötchenstich muß man darauf achten, daß der Stoff im Verhältnis zum verwendeten Garn dicht genug gewebt ist, weil sonst die Knötchen durch den Stoff schlüpfen. Weitere Schneckenhaus- und Muschelmotive finden Sie auf S. 102.

Material

Je Kissen:
45 cm x 45 cm Stoff für die Rückseite
35 cm langer Reißverschluß
45 cm x 45 cm Kissenfüllung
Kantenbesatz (wenn gewünscht)
Stickerei:
45 cm x 45 cm weißen oder blauen
  Baumwollstoff
Sticknadel mit Spitze Nr. 22
5 Stränge (je 10 m) weiches weißes
  Baumwollgarn für das weiße Kissen
  und 8 Stränge (je 10 m) für das blaue
  Kissen

Stoff vorbereiten (blaues Kissen)

1 Die Vorlage für das Schneckenhaus-bzw. Muschelmuster finden Sie auf S. 103. Es ist ein Musterrapport mit den Umrissen gleicher, Rücken an Rücken gezeichneter Schneckenhäuser.

2 Muster in die Mitte eines Bogens Pauspapier (ca. 50 cm x 50 cm) abpausen. Das Muster ausrichten, bis Sie vier senkrechte Reihen mit Schneckenhäusern erhalten, die insgesamt etwa 39 cm x 39 cm messen.

3 Muster auf den Stoff pausen (Methode 3, siehe S. 16/17).

Stoff vorbereiten (weißes Kissen)

1 Das Muster auf S. 81 macht ein Viertel des gesamten Kreises aus. Mit dem Fotokopiergerät auf 133 % vergrößern. Auf Pauspapier (50 cm x 50 cm) senkrechte und waagerechte Linien (35 cm lang) für die vier Abschnitte, in die die Muster gepaust werden, einzeichnen.

2 Muster viermal durchpausen, so daß sich ein vollständiger Kreis ergibt. Darauf achten, daß der Mittelpunkt von Muster und Pauspapier übereinstimmen.

3 Das durchgepauste Muster auf den weißen Stoff übertragen (Methode 1, siehe S. 16).

Sticken

1 Die Knötchenstiche zuerst ausführen, dann die Rückstichmuster. Da die Knötchen sehr weit vorstehen, muß der Faden jeweils begonnen und vernäht werden, indem man ihn durch einige Stiche auf der Stoffunterseite führt (siehe S. 18). Beim ersten Stich ein langes Fadenende auf der Stoffunterseite lassen und einarbeiten, sobald einige Stiche ausgeführt wurden.

Das Schneckenhausmuster auf dem blauen Kissen erhalten Sie, wenn Sie das Muster auf S. 103 wiederholen wie hier gezeigt.

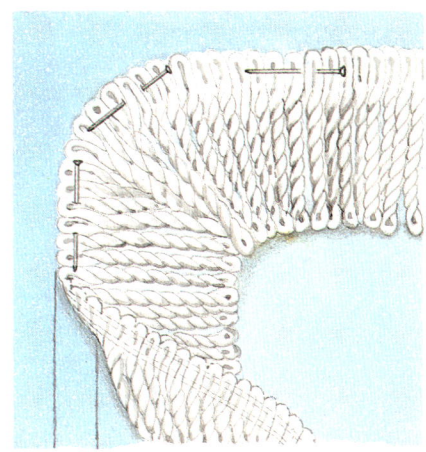

Fertigstellen

1 Reißverschluß in den Rückenstoff einsetzen wie auf S. 32 beschrieben.

2 Vorderseite mit der Stickerei nach unten auf eine saubere, glatte Oberfläche legen. Ein Quadrat von 41 cm x 41 cm um die fertige Stickerei zeichnen: das ergibt die Sticklinie. An den Ecken jeweils Kurven einzeichnen; beim weißen Kissen leistet eine umgedrehte Tasse gute Dienste als Schablone. Das blaue Kissen hat größere Kurven, nehmen Sie deshalb einen Unterteller.

3 Wenn man die Fransenborte anbringen will, zeichnet man 1 cm außerhalb der bestehenden Linie eine weitere Bleistiftlinie und steckt die Borte daran fest. Der Borte an den Kurven jeweils mehr Fülle geben (Abb. 1).

4 Vorder- und Rückseite rechts auf rechts mit der Maschine feststeppen, wobei die Borte in 1 cm Abstand von der Bortenkante dazwischen erfaßt wird. Die Fransen der Borte zeigen von der Kante weg nach innen. Wenn keine Borte verwendet wird, Vorder- und Rückseite entlang der ursprünglichen Linie zusammensteppen.

5 Die Nahtzugabe auf 2 cm zurechtschneiden. An den Ecken knapper zuschneiden und dabei darauf achten, daß keine Fransen abgeschnitten werden.

6 Die Kissenhülle auf rechts wenden und Füllung hineinstecken.

Hier sehen Sie ein Viertel des Musters für das weiße Kissen. Mit dem Fotokopiergerät auf 133 % vergrößern, dann abpausen und auf den Stoff übertragen (siehe S. 78).

Abb. 1

Käferkissen

Dieses moderne Design setzt sich aus Applikationen und verschiedenen Sticktechniken zusammen. Genauigkeit spielt dabei keine Rolle – denn die erstaunliche Vitalität dieses Musters rührt daher, daß man seiner Phantasie freien Lauf lassen kann und einfach Spaß an dem skurrilen Thema hat. Die zwanglose Gestaltung der einzelnen Käfer bildet einen hintersinnigen Kontrast zu der Korrektheit der geraden Reihen, in denen sie angeordnet sind. Die Applikationen bestehen aus baumwollenem Hemdenstoff; jede hat ein eigenes Streifenmuster, das jeweils in unterschiedlichen Richtungen aufgenäht wird, um jedem Käferrücken eine individuelle Zeichnung zu geben. Auf S. 104/105 finden Sie einige weitere Applikationsmotive.

Verwendete Stiche:
Rückstich (S. 24)
Kettenstich (S. 25)
Spannstich (S. 75)
Knötchenstich (S. 76)
Doppelter Kreuzstich (S. 52)

Material

Kissen:
50 cm x 70 cm königsblauer, gerippter Möbelstoff aus Baumwolle für die Rückseite
40 cm langer Reißverschluß
1 m Pomponborte
45 cm x 65 cm rechteckige Kissenfüllung

Stickerei und Applikation:
50 cm x 70 cm hellbeiger, gerippter Möbelstoff aus Baumwolle
12 Stücke dünne, gemusterte Baumwolle Ihrer Wahl, Mindestgröße jeweils 10 cm x 10 cm
Kräftiges Pauspapier für Schablonen
Farblich zu den Applikationen passender Nähfaden
Feine Sticknadel Nr. 5 (für Stickerei)
Dünne Nähnadel Nr. 8 (für Applikationen)
Sticktwist (*Anchor* oder *DMC*) in den in der Tabelle angegebenen Farben (S. 84 und S. 86)

Applikationen vorbereiten

1 Umriß sämtlicher 12 Käferkörper (S. 84–87) auf kräftiges Pauspapier durchpausen und ausschneiden.
2 Jeden Käferumriß auf einem Stück Baumwollstoff feststecken. Mit einem Rand von 1 cm um die Schablonen ausschneiden.
3 Ränder umlegen und festheften, dabei durch das Pauspapier nähen (Abb. 1). Gründlich dämpfen.
4 Sämtliche Käfer nach Belieben auf dem hellbeigen Stoff verteilen (aber in Reihen!). Grob feststecken.
5 Bei jedem Käfer Heftstiche und Pauspapierschablone entfernen und Käfer von Hand festnähen.

Sticken

1 Beine und Fühler nach Methode 3 übertragen (siehe S. 16/17).
2 Jeden Käfer nach den Stick- und Farbtabellen auf S. 84 und S. 86 besticken. Es ist Ihnen überlassen, wieviele Fäden Sie jeweils in der Nadel verwenden. Die Knötchenstiche und Körperlinien werden hauptsächlich mit zwei oder drei Fäden gearbeitet, für die Beine nimmt man mehr. Probieren Sie ruhig einige Varianten aus.

Fertigstellen

1 Kissen nach der Arbeitsanleitung für das Stiefmütterchenkissen fertigstellen (siehe S. 32).
2 Die Pomponborte von Hand an zwei gegenüberliegende Kissenkanten nähen.

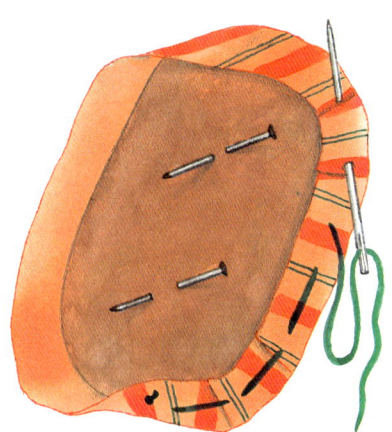

Abb. 1

	Anchor	DMC
■ Kohle	400	413
■ Sehr dunkles Grün	862	934
■ Bronze	906	829
■ Blasses Olivgrün	842	3013
■ Blasses Aquamarin	875	503
■ Graublau	850	926
□ Blaßgelb	300	677

Benötigte Menge: Ein Strang von jeder Farbe.

	Stich	Farbe
Käfer 1		
Tupfen a. d. Rücken	Knötchenstich	Blasses Olivgrün
Kopf u. Rückenlinie	Rückstich	Sehr dunkles Grün
Beine	Kettenstich	Bronze
Augen und Fühler	Rückstich	Blasses Aquamarin
Käfer 2		
Rückenlinien	Rückstich	Blasses Aquamarin
Beine	Kettenstich	Blasses Olivgrün
Füße	Kleine Spannstiche über Rückstich	Blasses Olivgrün
Kopf	Rückstich	Blasses Olivgrün
Käfer 3		
Rückenl. u. Augen	Rückstich	Blasses Olivgrün
Tupfen a. d. Rücken	Knötchenstich	Blaßgelb
Beine	Kettenstich	Sehr dunkles Grün
Füße und Fühler	Kleine Spannstiche über Rückstich	Sehr dunkles Grün
Käfer 4		
Rückenl. u. Fühler	Rückstich	Blasses Aquamarin
Rückenmuster	Rückstich	Kohle
Beine	Kettenstich	Bronze
Füße	Kleine Spannstiche über Kettenstich	Bronze
Käfer 5		
Rückenlinien	Rückstich	Sehr dunkles Grün
Beine	Kettenstich	Graublau
Augen	Rückstich	Kohle
Kopf	Rückstich	Graublau
Füße	Rückstich	Graublau
Käfer 6		
Rückenmuster	Rückstich und Knötchenstich	Blaßgelb
Rückenkr. u. Fühler	Rückstich	Blasses Olivgrün
Beine	Kettenstich	Kohle
Füße	Spannstiche über Rückstich	Kohle

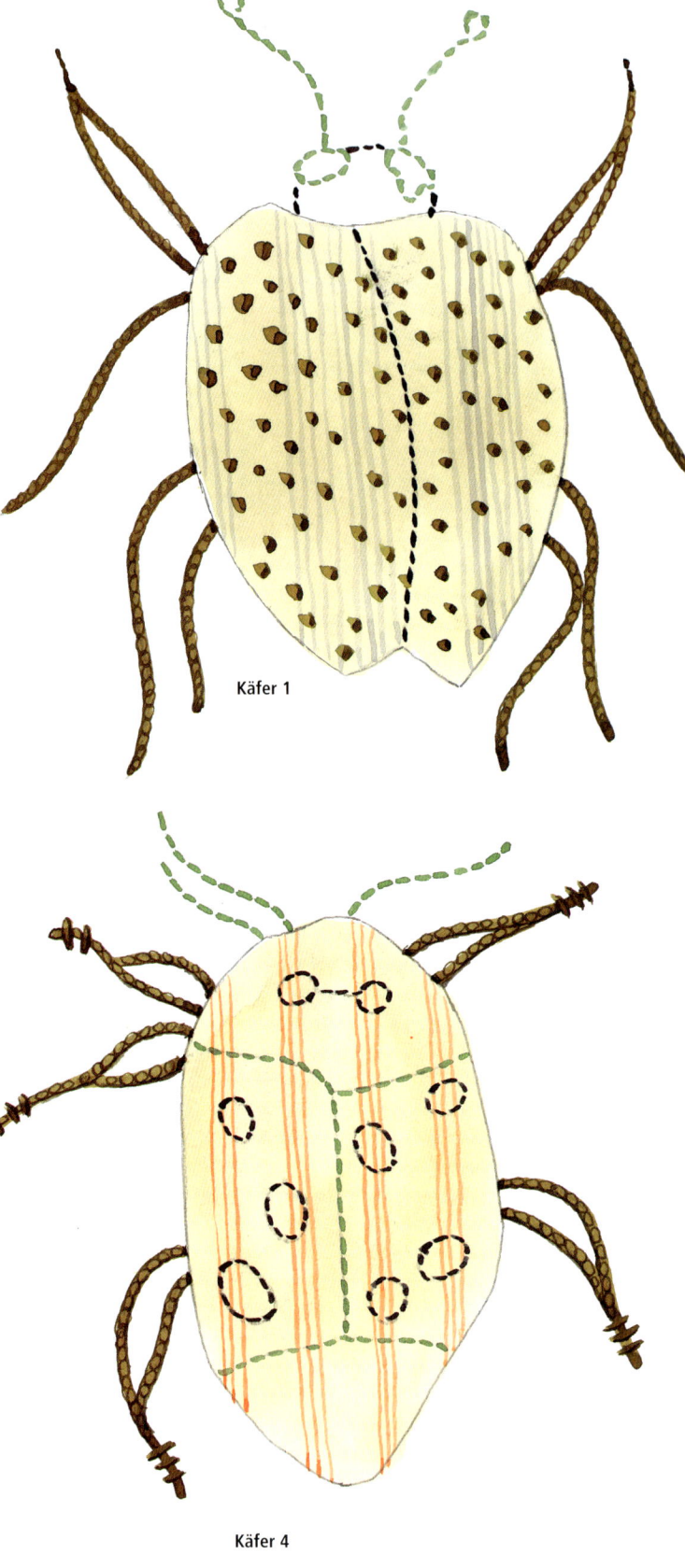

Käfer 1

Käfer 4

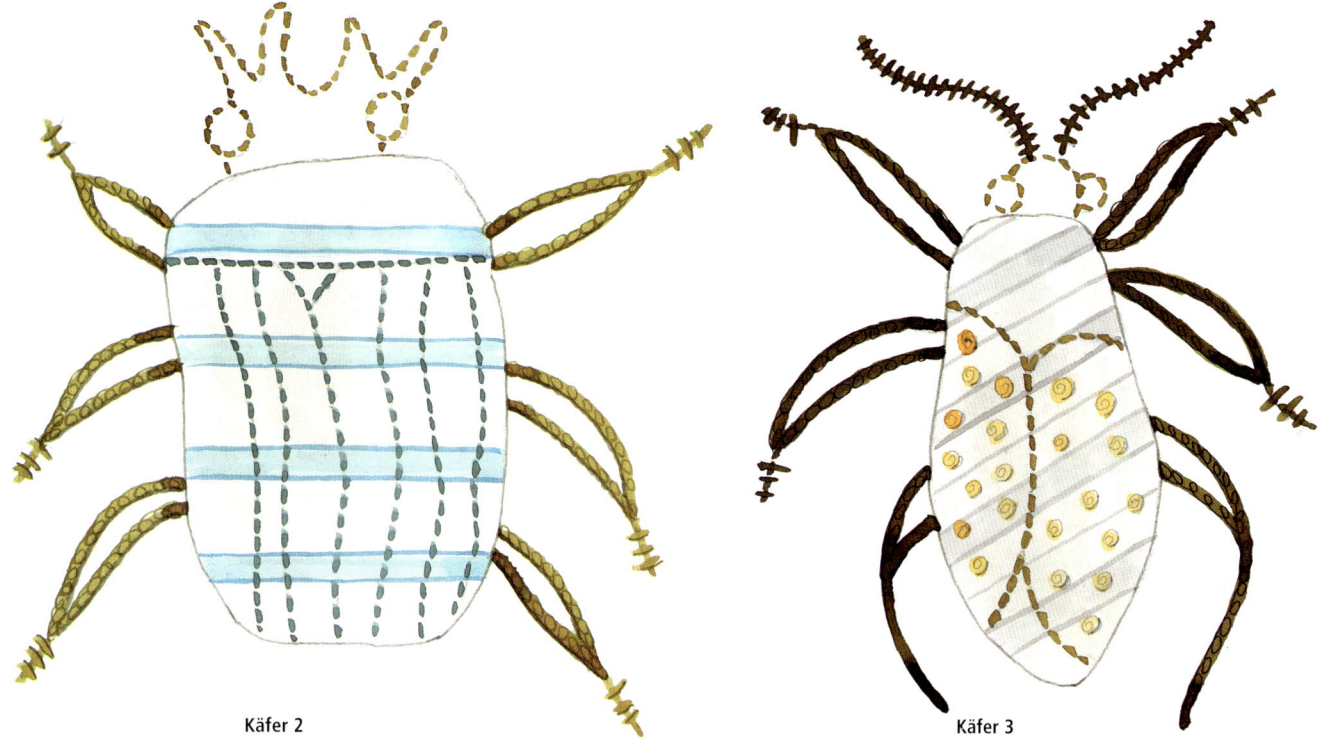

Käfer 2

Käfer 3

Die Käfermotive sind in Originalgröße abgebildet. Auf festes Transparentpapier durchpausen, ausschneiden und als Schablonen verwenden.

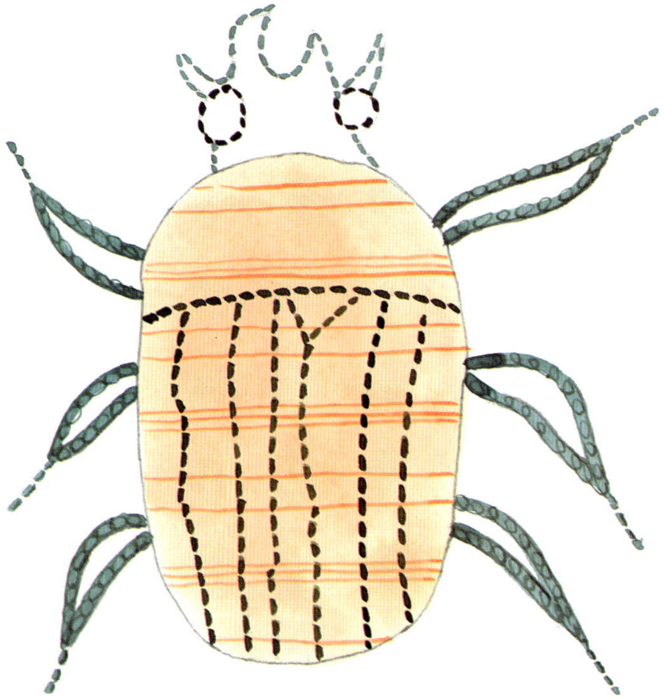

Käfer 5

Käfer 6

85

	Stich	**Farbe**
Käfer 7		
Rückenlinien u. Augen	Rückstich	Bronze
Rückenkreise	Rückstich	Graublau
Fühler	Rückstich	Kohle
Beine	Kettenstich	Blasses Aquamarin
Füße	Kleine Spannstiche	Blasses Aquamarin
Käfer 8		
Rückenmuster	Kettenstich	Blaßgelb
Beine	Kettenstich	Blasses Olivgrün
Füße	Kleine Spannstiche	Blasses Olivgrün
Augen und Fühler	Rückstich und kleine Spannstiche	Blasses Aquamarin
Käfer 9		
Rückenlinien	Rückstich	Blaßgelb
Augen	Rückstich	Blasses Aquamarin
Beine	Kettenstich	Blasses Aquamarin
Füße	Rückstich und kleine Spannstiche	Blasses Aquamarin
Fühler	Rückstich	Sehr dunkles Grün
Käfer 10		
Rückenlinien u. Augen	Rückstich	Bronze
Tupfen auf d. Rücken	Knötchenstich	Graublau
Beine	Kettenstich	Bronze
Füße	Kleine Spannstiche	Bronze
Fühler	Kleine Spannstiche über Rückstich	Graublau
Käfer 11		
Rückenlinien	Rückstich	Blasses Aquamarin
Augen	Rückstich	Kohle
Tupfen auf d. Rücken	Knötchenstich	Blasses Olivgrün
Beine	Kettenstich	Kohle
Füße	Kleine Spannstiche über Rückstich	Kohle
Fühler	Rückstich	Blasses Olivgrün
Käfer 12		
Rückenlinien	Rückstich	Blasses Olivgrün
Kopf	Rückstich	Graublau
Beine	Kettenstich	Graublau
Füße	Kleine Spannstiche über Rückstich	Graublau
Fühler	Rückstich und doppelter Kreuzstich	Bronze

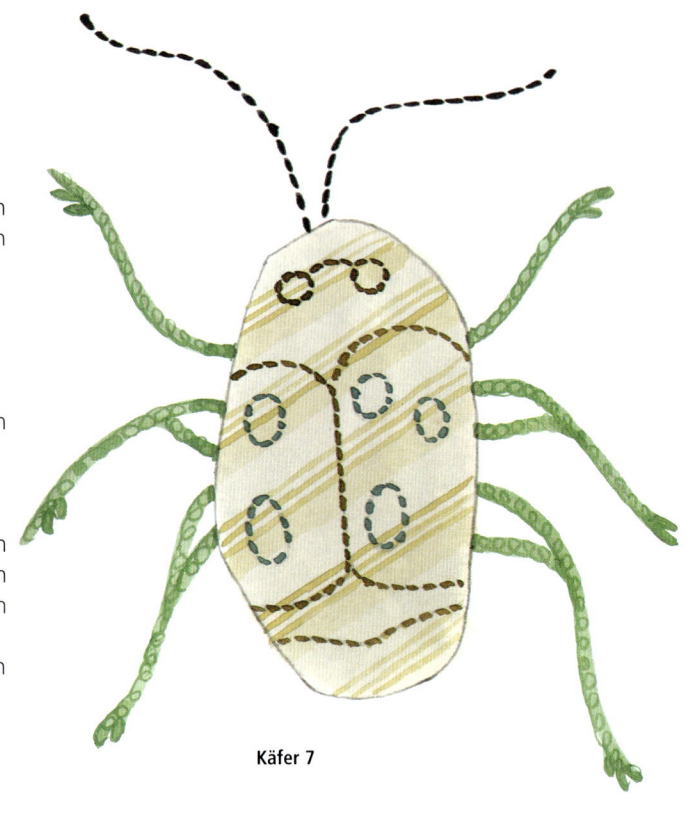

Käfer 7

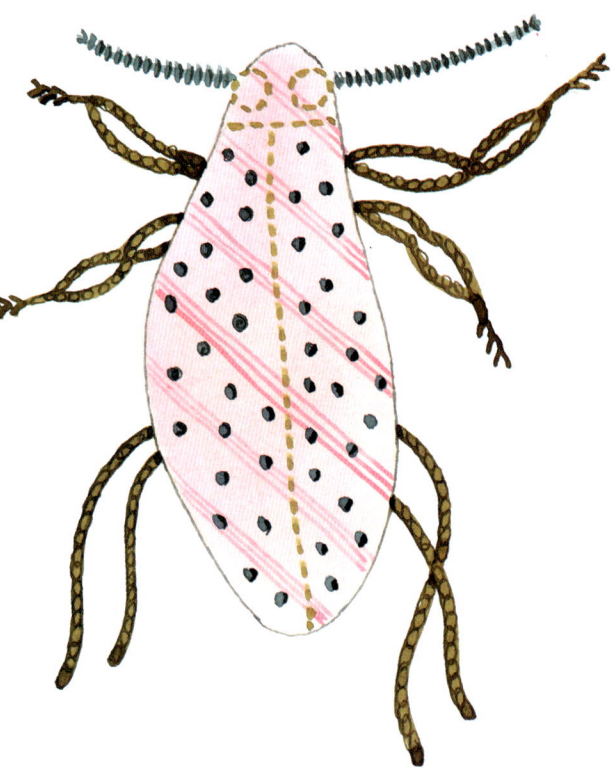

Käfer 10

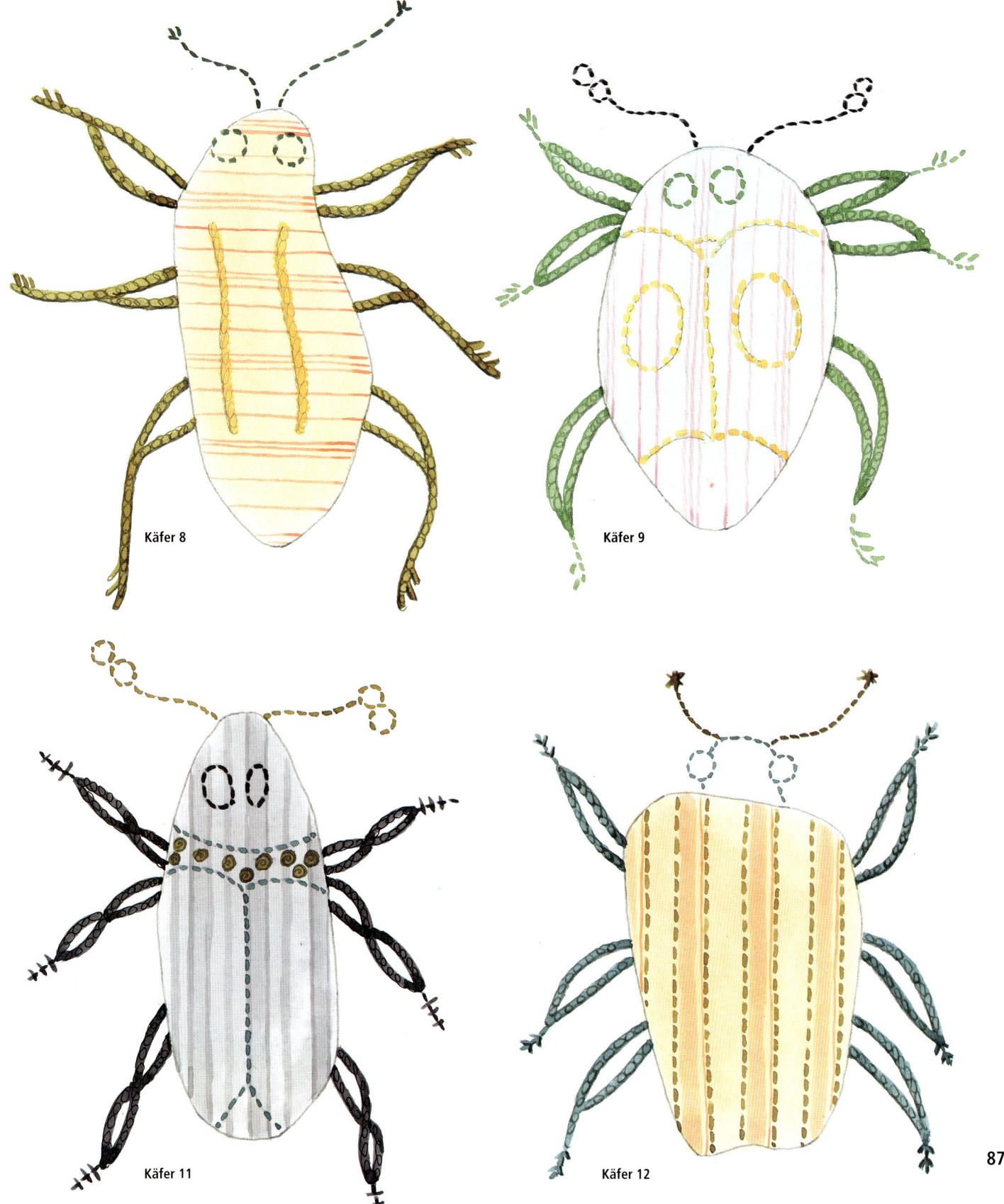

Käfer 8

Käfer 9

Käfer 11

Käfer 12

Bestickte Knöpfe

Wie kleine Juwelen liegen sie im Handarbeitskorb, die Knöpfe, und doch werden sie oft schmählich ignoriert. Diese Kurzwaren, die dafür sorgen, daß beide Hälften Ihrer Kleidung einander treu verbunden bleiben, halten zumeist ungleich länger als das Kleidungsstück, das sie schmücken und verdienen schon allein deshalb mehr Anerkennung. Ein handgearbeiteter Knopf ist ein wahres Schmuckstück, und mit einer kleinen Stickerei kann man einen einfachen Knopf gar in ein Stück Alltagskunst verwandeln. Eine persönliche Note verleiht man bestickten Knöpfen mit Monogrammen, Blumen oder mit einem Muster, das auf den verwendeten Stoff anspielt. Eine Auswahl von Miniaturmotiven und ein Alphabet finden Sie auf S. 106/107.

Knöpfe mit Blumen

Hier wurden Knöpfe zu rein dekorativen Gegenständen ohne Funktion erhoben. Die winzigen Blumen auf dem Knopfkissen spiegeln zwar dessen Farben wieder, bilden aber einen kräftigen Kontrast zum geometrischen Karomuster des Bezugs.

Verwendete Stiche:
Plattstich (S. 50)
Stielstich (S. 25)
Knötchenstich (S. 76)
Rückstich (S. 24)

		Anchor	DMC
	Leuchtendes Rosa	41	961
	Violettes Rosa	1019	3722
	Blaßgrün	854	3013
	Limonengrün	279	734
	Mittleres Grün	268	469

Benötigte Menge
Einen Strang von jeder Farbe.
Wichtig: Durchwegs mit einem Faden in der Nadel sticken.

Material:
Ausreichend Stoff für die Knöpfe; jedes Stück muß groß genug sein, um in einen Rundrahmen gespannt werden zu können. (Es ist wichtig für die Ausführung der winzigen Details, daß der Stoff beim Sticken straff gespannt ist.)
Fertige(s) Handarbeits-Set(s) zum Knopfüberziehen; die Knöpfe müssen groß genug für die Stickereien sein: die gezeigten Knöpfe haben einen Durchmesser von ca. 3 cm (Blumen) bzw. 3,5 cm (Initialen). In einigen Fachgeschäften kann man Knöpfe überziehen lassen.
Rundrahmen
Feine Sticknadel Nr. 9 oder 10
Sticktwist in den in der Tabelle angegebenen Farben

Sticken
1 Muster abpausen und auf den Stoff übertragen (Methode 1, siehe S. 16).
2 Die Blütenblätter bis zum Mittelkreis mit Plattstich in Rosa ausfüllen.
3 Die Blütenblätter mit Rückstich in violettem Rosa umranden.
4 Die Blütenmitte jeweils mit Knötchenstichen in Limonengrün füllen.
5 Das Blatt mit Plattstich in Blaßgrün sticken, Blattadern in mittlerem Grün.
6 Stiel und Blattumriß mit Stielstich in mittlerem Grün ausführen.

Fertigstellen
Die Knöpfe nach mitgelieferter Anleitung fertigstellen.

Knöpfe mit Monogramm

Durch seine Monogrammknöpfe erhält dieser Kissenbezug ein schickes, klassisches Aussehen, das sich gut mit anderen Wohntextilien im Schlafzimmer kombinieren läßt.

Verwendete Stiche:
Plattstich (S. 50)
Rückstich (S. 24)

Material
Stoff, Nadel und Arbeits-Sets wie bei den Knöpfen mit Blumen.
Sticktwist in einer Farbe Ihrer Wahl (für die abgebildeten Knöpfe wurde *Anchor* 1019/*DMC* 315 verwendet).

Sticken
1 Den Buchstaben aus den Mustern auf S. 106/107 auswählen und mit dem Fotokopierer entsprechend verkleinern.
2 Durchpausen und auf den Stoff übertragen (Methode 1, siehe S. 16).
3 Plattstich leicht schräg arbeiten, um die Schwünge zu betonen. Alle ganz feinen Linien mit winzigen Rückstichen sticken.

Crazy Patchwork

Diese Technik – zuweilen irrtümlicherweise als »Crazy Quilting«, bezeichnet, bei dem jedoch der Oberstoff auf eine wattierte Unterlage genäht wird – kam gegen Ende des 19. Jahrhunderts in Amerika auf. Im Gegensatz zum normalen Patchwork wurde sie nicht aus der Not geboren, sondern begann als Mode, im Zuge derer schließlich Arbeits-Sets und Mustersammlungen in Massen auf den Markt geworfen wurden.

Das typische Patchwork wird aus Samt- und Seidenresten angefertigt, die, ähnlich wie Mosaikpflaster, nach Belieben angeordnet und auf einen baumwollenen Unterstoff oder auf später zusammengenähte Baumwollquadrate appliziert werden. Die abgebildete Tagesdecke dagegen wurde nach genauem Plan entworfen. Sie gewinnt entschieden durch ihr ausgewogenes Muster und die raffinierte Verwendung der unterschiedlichen Stoffe und Farben. Das sieht auf den ersten Blick ungewollt aus, aber nach einer Weile kommt die eigenwillige Symmetrie des Designs zum Vorschein.

Die zahlreichen Nähte beim Crazy Patchwork werden typischerweise mit kunstvollen Stickereien verziert, wobei auch Monogramme, Jahreszahlen und andere persönliche Motive eingearbeitet werden. Ein Hochzeits-Patchwork z.B. kann man herstellen, indem man dazu Reste vom Hochzeitskleid und sogar ein Stück von der Krawatte des Bräutigams hernimmt und das Ganze mit Seide in den Farben des Brautstraußes übernäht und in die Stickerei weitere Andenken an den großen Tag einarbeitet. Für unsere Patchwork-Decke wurden unter anderem folgende Stoffe verwendet: verschiedene Seidenstoffe (von Krawatten), leichte Samtstoffe, Bänder, sowie taftene und seidene Wohntextilien von ähnlicher Stärke. Im Prinzip kann man alle Stoffarten verwenden, solange sie in etwa gleich schwer sind.

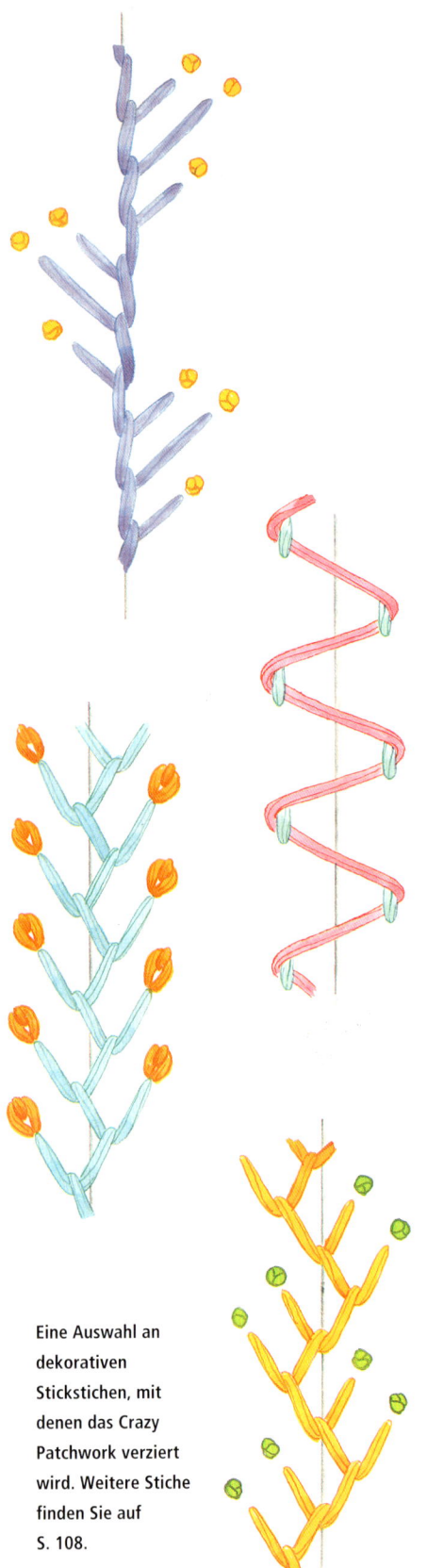

Eine Auswahl an dekorativen Stickstichen, mit denen das Crazy Patchwork verziert wird. Weitere Stiche finden Sie auf S. 108.

Material

Decke:

Ausreichend Baumwolltuch, um 25 Quadrate von je 27 cm x 27 cm auszuschneiden

130 cm x 130 cm Stoff für die Unterseite

Ausgesuchte Stoffreste, ausreichend für sämtliche Baumwoll-Quadrate

1 m schwarzen Moiré (90 cm breit) zum Einfassen

Farblich passender Nähfaden

Stickerei:

Feine Sticknadel

Anchor- oder *DMC*-Perlgarn in verschiedenen Farben und Stärken

Patchwork herstellen

1 Baumwolltuch in 25 Stücke von je 27 cm x 27 cm schneiden. Die Stoffreste nach den Mustern auf S. 109 zuschneiden.

2 Die Mitte jedes Baumwollquadrats anzeichnen (siehe S. 16) und um diesen Mittelpunkt jeweils ein Quadrat von 24 cm x 24 cm anzeichnen.

3 Die zugeschnittenen Stoffstücke zu Mustern anordnen, die in die aufgezeichneten Quadrate passen. Im Gegensatz zu einem Zufallsmuster müssen bei einem geplanten Entwurf wie dem unseren einige Muster wiederholt und in eine regelmäßige Abfolge gebracht werden, z.B. nach einem Layout wie dem auf S. 108 vorgeschlagenen. Bei diesem Patchwork tragen die Eckvorlagen ein Herzmotiv, das sich von seiner Form her gut für Ecken eignet und als sofort erkennbare Form den Blick auf sich zieht. Weiter innen kommen dann vier aufgehende Sonnen, deren Strahlen sich nach außen auffächern; sie spielen auf die Form eines Kreises an. Das Quadrat in der Mitte enthält ein Monogramm und ein Datum. Für die Musterwiederholungen werden ähnliche Farben verwendet, wodurch die Symmetrie augenfälliger wird.

4 Die ungesäumten Kanten der zugeschnittenen Stoffstücke umschlagen und auf die Baumwollquadrate heften. Mit Hohlstichen annähen und Heftfäden entfernen. Dämpfen.

Fertigstellen und Sticken

1 Jeweils 5 Quadrate in eine Reihe legen und mit einer Nahtzugabe von 1,5 cm mit der Maschine zusammensteppen. Nähte umbügeln. Die fünf Reihen zusammennähen und Nähte umbügeln.

2 Die aneinanderstoßenden Kanten mit Linienstichen (Farben Ihrer Wahl) übersticken. Auf dieser Decke sind die Nähte zwischen den Quadraten mit Vorstich verziert worden, der mit zwei Fäden Perlgarn in verschiedenen Farben umschlungen ist. Die Stiche wurden nicht nur über die Nähte und über die Stöße zwischen den Applikationen gearbeitet, sondern zieren auch die Stoffe selbst und heben deren Muster hervor. Wo ein Stück Band als Flicken benutzt wurde, ist der Stich schon fast eine Karikatur von dessen Muster.

3 Das Patchwork auf den Unterstoff legen und um jedes Quadrat herum festheften. Um die äußere Kante steppen, so daß die ungesäumten Kanten noch herausschauen. Heftfäden entfernen. Unterstoff auf die Größe des Patchworks zuschneiden.

Kanten einfassen

1 Moiré zuschneiden und zu Streifen anstückeln, die lange genug sind, um jede Kante einzufassen. Dabei an zwei Streifen beide Enden umschlagen. Die Streifen sollten doppelt so breit sein wie die benötigte Breite der fertigen Einfassung, zuzüglich jeweils 1,5 cm Nahtzugabe.

2 Die kürzeren Streifen rechts auf rechts an gegenüberliegende Enden des Patchwork legen und mit einer Nahtzugabe von 1,5 cm von Hand auf das Patchwork nähen.

3 Die Streifen bügeln und um die ungesäumten Kanten schlagen. Nochmals bügeln. Die Streifen von Hand auf die Unterseite des Patchwork, knapp innerhalb der Maschinennaht, nähen (wie beim Einfassen mit Schrägband).

4 Die kurzen Enden der anderen beiden Streifen umschlagen und bügeln. Die restlichen beiden Seiten des Patchwork einfassen wie beschrieben.

Bordüre aus Kreuz- und Margeritenstich

Dieses elegante Bordürenmuster, das sich hier auf einer Tischdecke präsentiert, fällt etwas aus dem Rahmen, denn den Hintergrund bilden Kreuzstiche, vor denen sich hübsche, zum Rautenband angeordnete Margeritenstich-Blumen in Szene setzen. Der Kreuzstich ist hier zweifach gearbeitet, wobei auf den normalen, diagonal ausgeführten Kreuzstich ein kleineres, gerades Kreuz gesetzt wird. Die unteren Kreuze werden alle in derselben Farbe gestickt, während die darüberliegenden Kreuze in zwei verschiedenen, in Zickzacklinien verlaufenden Farben gearbeitet werden; das verleiht diesem ansonsten eher geradlinigen Muster ein Überraschungsmoment.

Im Gegensatz zu den meisten Kreuzstichmustern wurden die Stiche hier alle unverbunden und jeweils mit einem Abstand von einem oder zwei Gewebefäden gearbeitet. Dabei wurde aber nicht abgezählt, sondern nach Augenmaß gestickt. Daher wirkt die Arbeit weniger streng und bietet im Gegensatz zu so mancher gezählter Stickerei einen sehr erfrischenden Anblick. Der Margeritenstich der Blüten ist ganz einfach gearbeitet, dafür ist er aber von subtiler Farbigkeit, da in jeder Vignette zwei Schattierungen der gleichen Farbe vorkommen – ein feiner Kunstgriff!

Verwendete Stiche:
Doppelter Kreuzstich (S. 52)
Margeritenstich (S. 25)
Stielstich (S. 25)
Knötchenstich (S. 76)
Hohlsaum (S. 38)

Material

80 cm x 80 cm gleichmäßig gewebtes Leinen
Feine Sticknadel Nr. 8
Sticktwist in den in der Tabelle auf S. 96 angegebenen Farben

Sticken

1 Muster ausrichten wie auf S. 16 beschrieben. Das fertige Tischtuch mißt 63 cm x 63 cm, und die Stickerei 53 cm x 53 cm. Das Stickmuster auf S. 96 zeigt eine Ecke des Gesamtmusters, darin einige Wiederholungen des Bordürenmusters. Die benötigten Partien des Musters abpausen und auf den Stoff übertragen (Methode 3, siehe S. 16/17). Alle Kreuzstiche einzeichnen, es sei denn, Sie trauen sich zu, sie rein nach Augenmaß zu sticken.

2 Es gibt keine besondere Reihenfolge beim Ausführen der Bordüre, allerdings ist das gleichmäßige Arbeiten der Kreuzstiche leichter, wenn die Rauten bereits gestickt sind. Die Margeritenstich-Blüten sollten fertiggestellt sein, ehe man ihnen die Knötchen in die Mitte stickt, da die Knötchen oft auf den Stichen sitzen. An der Spitze jeder mit Kreuzstich auszufüllenden Fläche beginnen.

Fertigstellen

Einen 2 cm breiten Saum umschlagen, auf Wunsch einen Hohlsaum bilden. Andernfalls einen einfachen Saum nähen, wobei folgendermaßen um die Ecken gearbeitet wird: Eine Falte einbügeln, wo die äußere Kante des Saumes sitzen soll. Die Ecken umschlagen und auf 5 mm zurückschneiden (Abb. 1). Überall 5 mm umschlagen (Abb. 2), dann den restlichen Saum (Abb. 3).

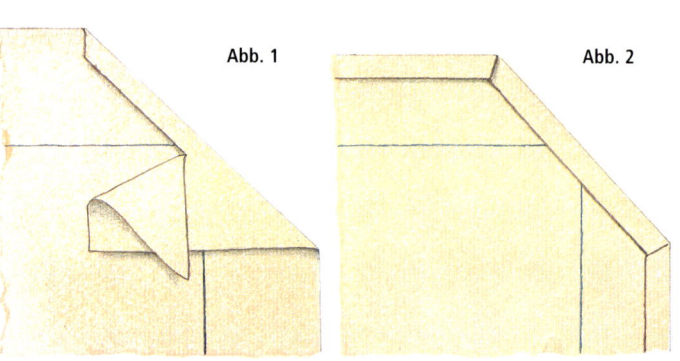

Abb. 1   Abb. 2

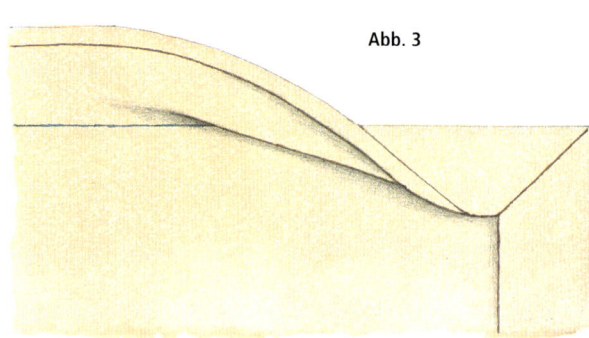

Abb. 3

Wichtig

Durchwegs mit drei Fäden in der Nadel sticken. Bei den Deckstich-Kreuzen nur mit zwei Fäden in der Nadel arbeiten.

Blumen:		Anchor	DMC	Menge
🟨	Hellgelb	302	742	1
⬜	Creme	300	7451	1
🟦	Dunkelblau	123	7911	1
🟦	Mittelblau	143	7981	1
🟪	Dunkelviolett	102	5501	1
🟪	Leuchtend. Violett	110	37461	1
🟥	Dunkles Rosa	88	7181	1
🟪	Blasses Rosa	85	36091	1

Blätter und Blütenmitten:		Anchor	DMC	Menge
🟨	Blaßgelb	293	727	3
Stilstichumriß:				
🟩	Mittleres Grün	210	911	2
Kreuzstichschraffur:				
🟫	Blaßbraun	677	8410	4
🟧	Orange	330	946	2
🟩	Hellgrün	209	912	2

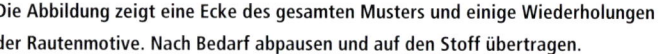

Die Abbildung zeigt eine Ecke des gesamten Musters und einige Wiederholungen der Rautenmotive. Nach Bedarf abpausen und auf den Stoff übertragen.

Muster und Motive

Die folgenden Seiten sind eine wahre Fundgrube an zusätzlichen Motiven und Stichen, die die Arbeiten im Buch noch abwechslungsreicher und vielseitiger machen. Zu entdecken gibt es alternative Entwürfe zu Muscheln und Schneckenhäusern, Tierapplikationen und Festonarbeiten mit Blumen, dazu ein komplettes Buchstaben- und Ziffernset für Monogramme und Jahreszahlen. Außerdem werden Ihnen hier zusätzliche Blumenmotive in allen Größen vorgestellt, die Ihnen Stickideen für alle möglichen Arbeiten, von Knöpfen bis zu Bettüberwürfen, liefern. Und schließlich zeigen wir Ihnen noch raffinierte Stichvariationen zum Verzieren von Crazy Patchwork, neben einem Layoutvorschlag für einen Crazy Quilt mit geplantem Muster.

Festonarbeit
mit Blumen

Siehe Festonarbeit mit Blättern auf S. 40

Dieses durchbrochene Blumenmuster besteht aus Motivwiederholungen, so daß man es in jede Richtung beliebig fortsetzen kann. Es läßt sich wie das Blattmuster auf S. 40 als Bordüre um einen Vorhang oder eine Tischdecke verwenden, oder Sie erweitern es zu einem durchgehenden Muster, das die Mitte eines Kissenbezuges oder eines Tischsets schmückt.

Die Umrisse der Blütenblätter und der Blätter sind durch dicke Linien angedeutet; auch die Knopflochstich-Stege sind eingezeichnet. Die auszuschneidenden Partien sind durch die dunklere Färbung gekennzeichnet. Achten Sie beim Umsticken der Kanten mit Knopflochstich darauf, daß die Schlingen in Richtung der auszuschneidenden Flächen liegen, weil damit ein Ausfransen des Stoffes verhindert wird. Weitere Details zu den Blütenmitten, Schraffuren oder Blattzeichnungen können bei Bedarf hinzugefügt werden.

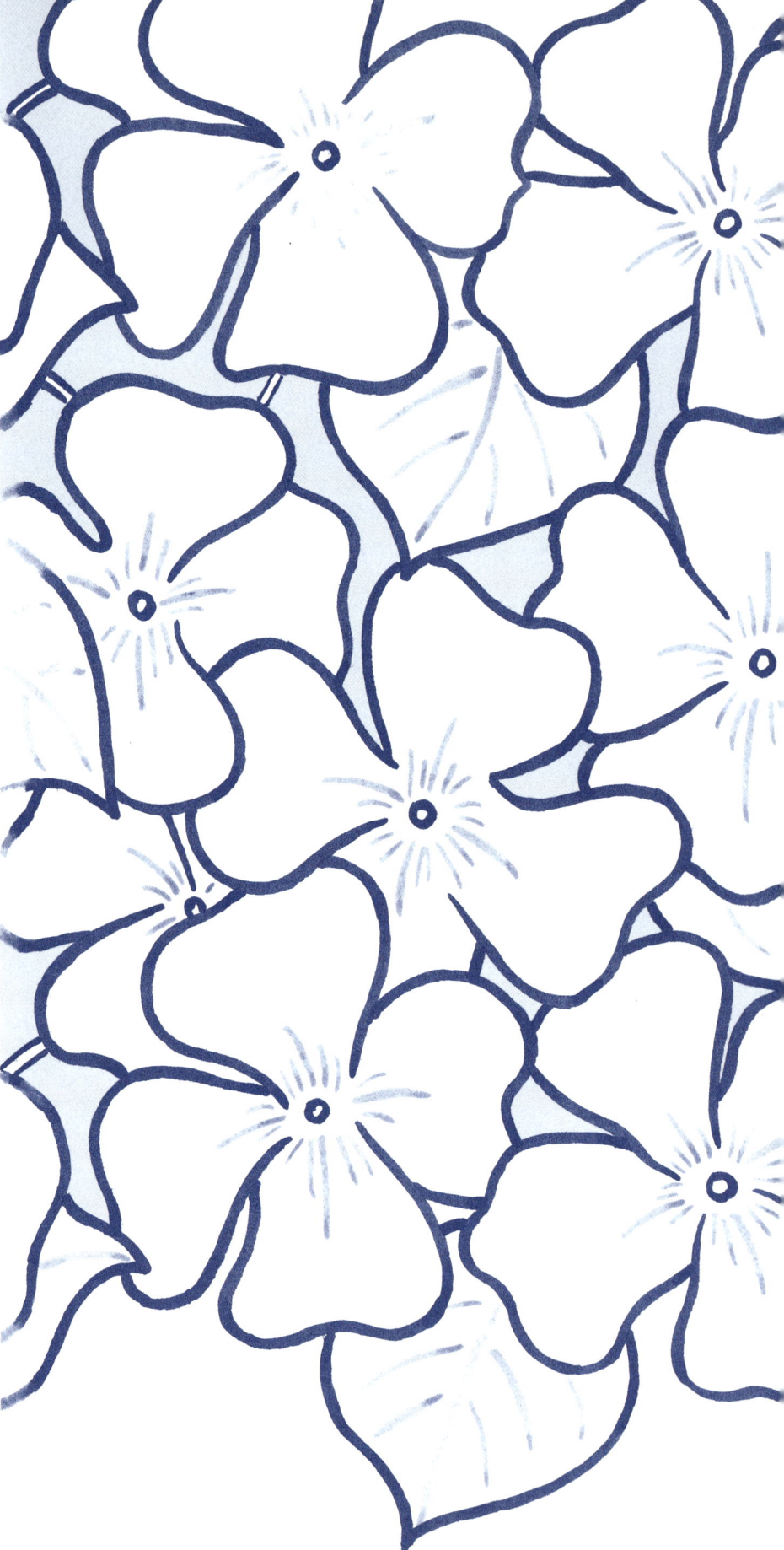

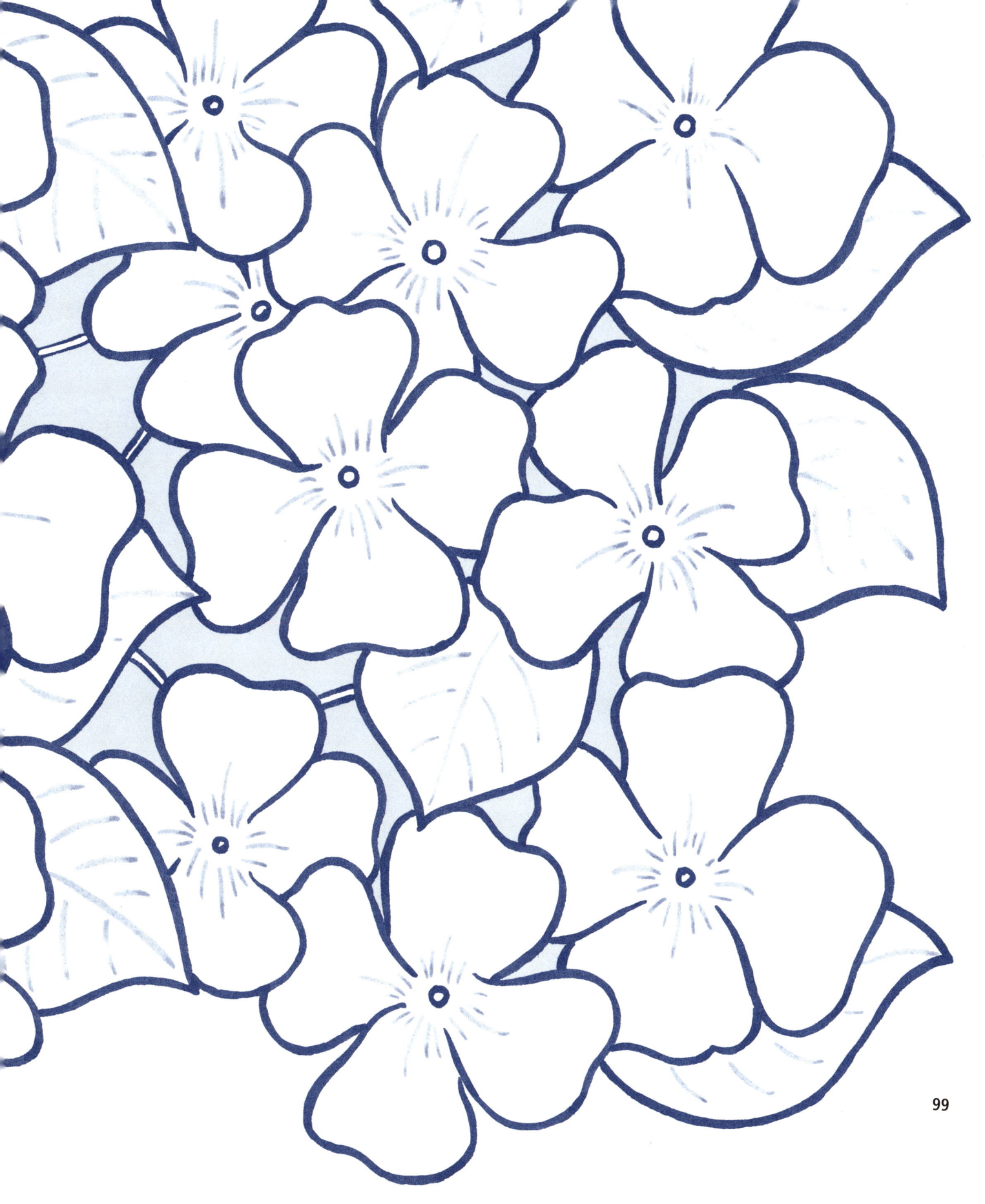

99

Blau-weiße Motive

Siehe blau-weiße Tagesdecke auf S. 54

Diese schlichten Motive bieten Ihnen eine Alternative zu den Mustern, die auf S. 54–59 für die blau-weiße Tagesdecke vorgeschlagen werden. Die Anregungen zu diesen Motiven stammen von Arbeiten in der Sammlung „Stickereien amerikanischer Siedler", die von der Deerfield Society of Blue and White Needlework, Massachusetts, USA, zusammengetragen wurde. Es ist kennzeichnend für diese Art von Muster, daß sie aus fließenden Blumenstielen bestehen, aus denen Blüten und Früchte hervorsprießen. Die Stickereien selbst wurden gewöhnlich mit hand-gefärbten Garnen in unterschiedlichen Blautönen ausgeführt.

Diese Schemazeichnung zeigt Ihnen, wo die einzelnen
Motive auf der Tagesdecke angebracht werden. Einige
Motive wurden der Abwechslung halber spiegelverkehrt
verwendet. Die Motive mit dem Fotokopiergerät auf 156 %
vergrößern, dann auf den Stoff übertragen.

Fortlaufende Muschelmuster

Siehe Muschelkissen auf S. 78

Einfache Formen können ein eindrucksvolles fortlaufendes Muster ergeben, wenn man sie in Reihen oder kreisförmig anordnet. Das Schneckenhaus-Muster auf der gegenüberliegenden Seite (das auch für das blaue Muschelkissen auf S. 79 verwendet wurde), besteht nur aus einer Form, die in gegenläufigen Reihen angeordnet und immer abwechselnd ausgeschmückt wurde, so daß das Auge diagonale Motivreihen wahrnimmt, wo das Muster tatsächlich nur aus geraden Reihen besteht. Ursprünglich war dieser Schalentier-Entwurf für Knötchenstich gedacht, aber auch Linienstiche eignen sich hervorragend. Man kann auch verstärkt kunstvolle Füllstiche einsetzen, um die Motive noch schöner zu gestalten. Hier sind neben der Pilgermuschel auch andere dekorative Schalenformen als Alternativen abgebildet. Machen Sie mehrere Fotokopien oder Pausen davon, schneiden Sie sie aus und probieren Sie verschiedene Anordnungen aus, bis Ihnen ein Muster zusagt. Pausen Sie sie erneut ab, um mehrere Kopien herzustellen. Verteilen Sie die Motive so auf dem Stoff, wie es der Größe und Form Ihres Stickvorhabens entspricht.

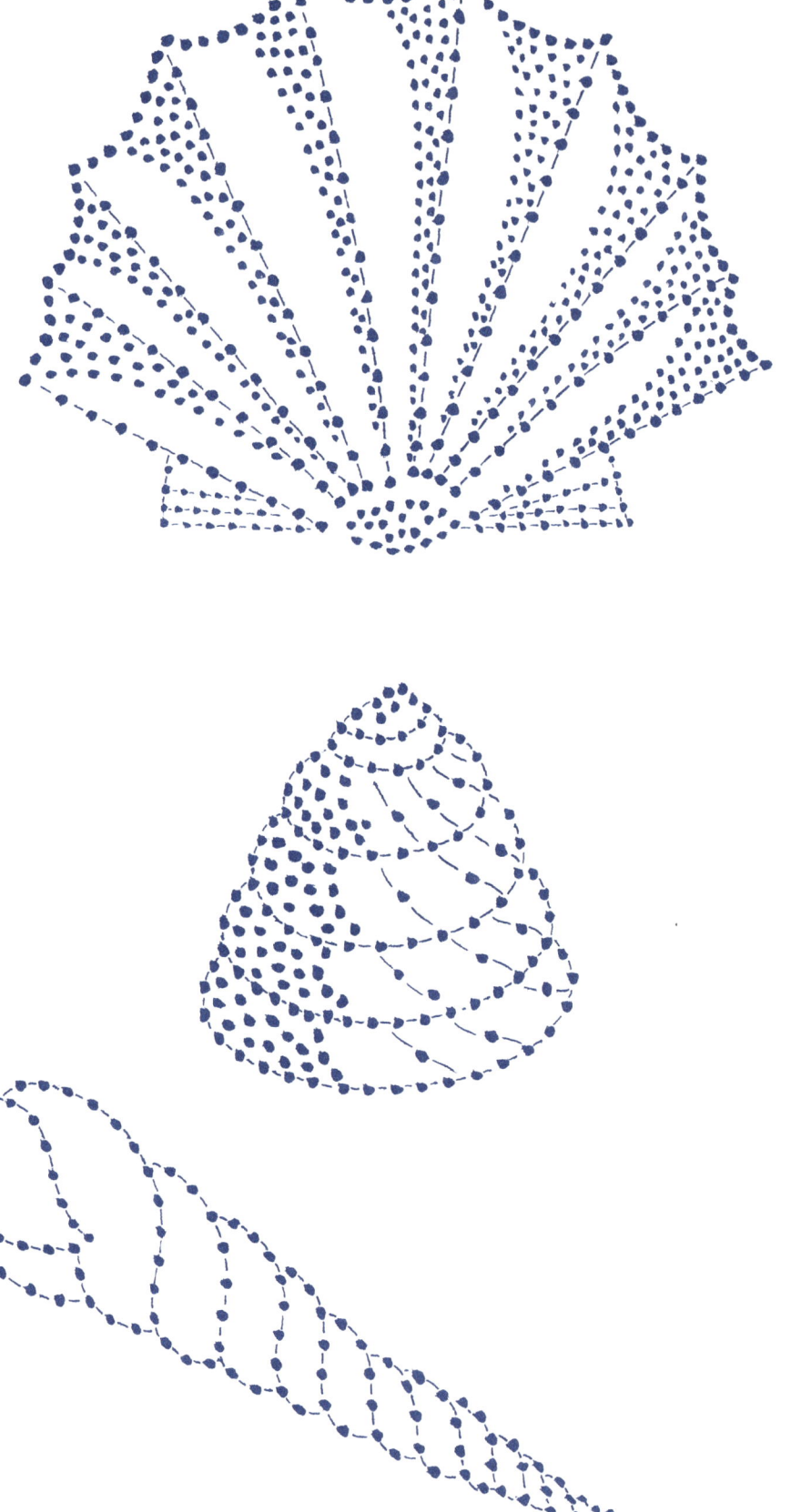

Tier-
applikationen

Siehe Käferkissen auf S. 82

Ob Schmetterlinge oder Schnecken, Vögel oder Raupen – all diese Motive sind ebenbürtige Variationen zu den applizierten Tierchen auf dem Käferkissen auf S. 83, und wie diese können sie in Reihen angeordnet werden, um einen ähnlichen Effekt zu erzielen. Für die Stickerei selbst ist die Wahl des Stoffes von entscheidender Bedeutung. Dabei bieten Ihnen die Motive allesamt die Möglichkeit, Ihre eigenen Stick- und Farbideen zu entwickeln. Die Zeichnungen auf den Tieren sind dabei nur Vorschläge zur Gestaltung des Musters, die sich leicht abwandeln lassen, um den Stoffen und Stichen, die Sie verwenden möchten, zu entsprechen.

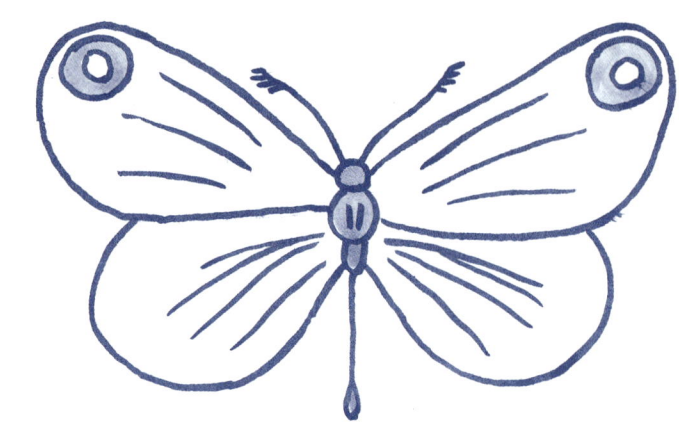

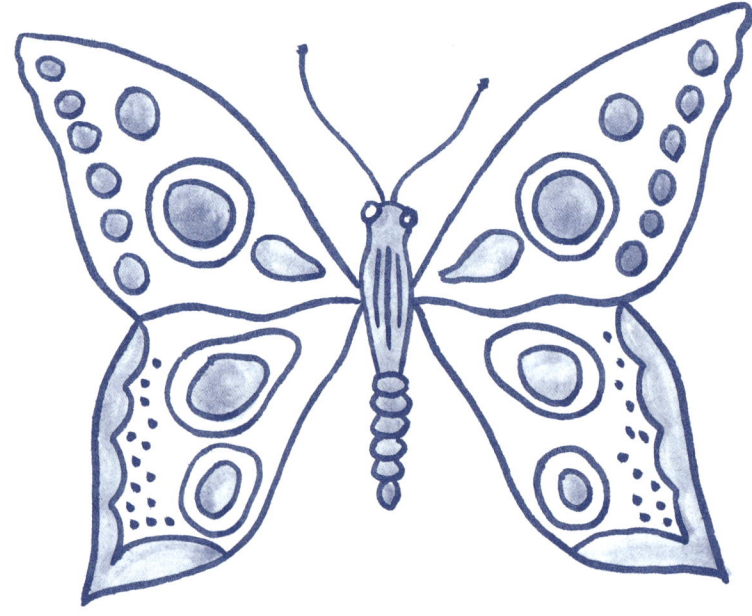

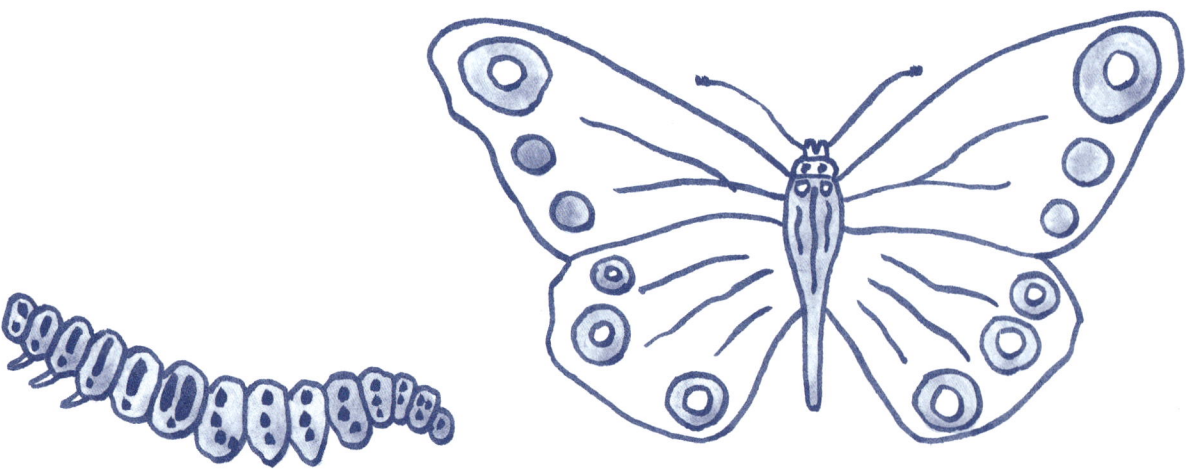

104

Miniaturmotive

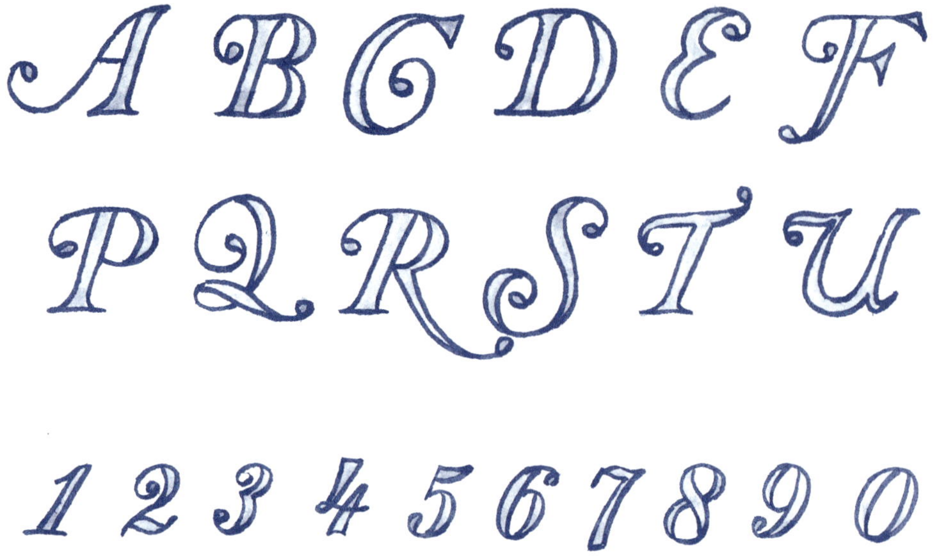

Siehe bestickte Knöpfe auf S. 88

Suchen Sie sich die Buchstaben oder Ziffern aus, die Sie für Ihre Knöpfe oder Heimtextilien benötigen. Sie werden alle in Plattstich gearbeitet – mit Ausnahme der feinen Linien, die mit sehr kleinen Rückstichen ausgeführt werden können.

Mit den winzigen Blumenmotiven besitzen Sie eine kleine Auswahl an zarten Stickverzierungen. Für diese filigranen Arbeiten verwenden Sie am besten nur einen Faden in der Nadel. Die größeren Motive liefern Anregungen für Stickereien auf allen möglichen Handarbeiten, z.B. Tischwäsche, kreativen Stickmustertüchern oder Potpourri-Beuteln.

Crazy Patchwork

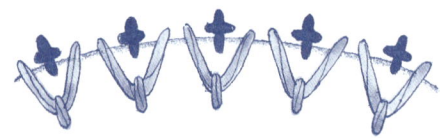

Siehe Crazy Patchwork auf S. 90

Das Verzieren von Crazy Patchwork bietet eine wunderbare Gelegenheit, alle nur erdenklichen Stickstiche miteinander zu kombinieren. Die Stiche lassen sich mit kontrastierenden Garnen und Farben umschlingen, um Nähte und Stöße zu kaschieren oder um die Stoffmuster zu verschönern. Man kann der Stickerei aber auch mit unterschiedlichen Stichrichtungen eine weitere fesselnde Dimension verleihen.

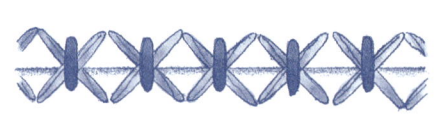

Die Crazy-Patchwork-Felder auf der gegenüberliegenden Seite ähneln denen auf der Decke, die auf S. 90 abgebildet ist. Auf diese Formen können Sie immer wieder zurückgreifen, wenn Sie Ihre eigenen Felder zurechtschneiden.

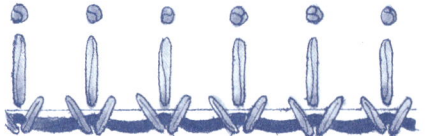

Die Zeichnung unten zeigt Ihnen die Anordnung der Felder bei der Decke auf S. 90, wo die Felder A und B in regelmäßiger Folge auftreten. Bei einer völlig nach dem Zufallsprinzip gestalteten Decke brauchen Sie die Felder zwar nicht in irgendeine Abfolge zu bringen, aber auf eine ausgewogene Verteilung von Farben und Farbtönen sollten Sie trotzdem achten.

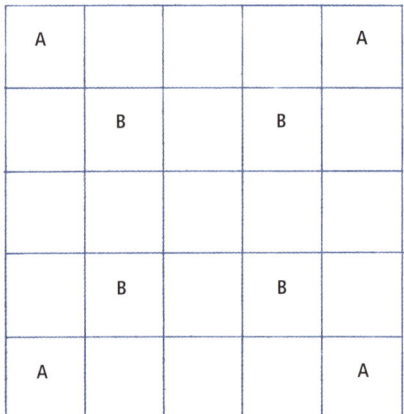

Register

Danksagung

Die Autorin bedankt sich bei folgenden Personen: Ciba Vaughan, einer in Boston lebenden großartigen Freundin, ohne die es mir schwergefallen wäre, ein solches Buch auch nur anzufangen. Ihre Ratschläge, ihre Begeisterung und ihr riesiges Wissen waren von unschätzbarem Wert, und wir brachten mit unserem Stickerei-Wissenstransfer quer über den Atlantik die Faxleitungen zum Glühen. Viele der hier gezeigten Stücke stammen aus ihrer Sammlung, und sie schuf die Crazy-Patchwork-Arbeit speziell für dieses Buch.

Besonderer Dank gebührt auch Karen Spurgin für ihre frischen, aktuellen Entwürfe, nämlich das Käferkissen, die bestickten Knöpfe und den Feston-Vorhang.

Cara Ackerman von DMC und Julie Gill von J & P Coats waren mir eine riesige Hilfe: Sie stellten mit Stoffe und Garne zur Verfügung, und immer ganz kurzfristig. Jenny Fitzgerald Bond gab mir wertvolle technische Hinweise. Die Herausgeberin dieser Serie, Jane O' Shea, war unglaublich geduldig und fand stets für jedes Problem eine Lösung. Ich bin ihr äußerst dankbar.

Danksagung des Verlages

Der Verlag möchte folgenden Personen und Firmen dafür danken, daß sie uns Stoffe, Garne und andere Gegenstände für die Fotos zur Verfügung gestellt haben: Jane Bell, der Chelsea Design Company, Coats Craft UK, Designers' Guild, DMC, der Gallery of Antique Costume and Textiles, Cath Kidston, John Lewis und V V Rouleaux.

Ebenfalls danken möchten wir Gabi Tubbs für das großartige Foto-Styling und Pia Tryde für einen großartigen Ort zum Arbeiten und ihre Gastfreundschaft.